中国农业对外投资合作分析报告
（2022年）

农业农村部国际合作司
农业农村部对外经济合作中心　编著

中国农业出版社
北京

图书在版编目（CIP）数据

中国农业对外投资合作分析报告. 2022年 / 农业农村部国际合作司，农业农村部对外经济合作中心编著. —北京：中国农业出版社，2023.6
ISBN 978-7-109-30814-5

Ⅰ.①中… Ⅱ.①农… ②农… Ⅲ.①农业投资-对外投资-研究报告-中国-2022②农业合作-对外合作-研究报告-中国-2022 Ⅳ.①F323.9②F325

中国国家版本馆CIP数据核字（2023）第114172号

中国农业对外投资合作分析报告（2022年）
**ZHONGGUO NONGYE DUIWAI TOUZI HEZUO FENXI BAOGAO
（2022 NIAN）**

中国农业出版社出版
地址：北京市朝阳区麦子店街18号楼
邮编：100125
责任编辑：黄 曦 文字编辑：黎 岳
责任校对：刘丽香
印刷：中农印务有限公司
版次：2023年6月第1版
印次：2023年6月北京第1次印刷
发行：新华书店北京发行所
开本：889mm×1194mm 1/16
印张：8
字数：145千字
定价：88.00元

编辑委员会

主要撰写人员

（按姓氏笔画排序）

丁瑞强　于圣洁　于浩淼　王　彤　王叶红

王思雪　王晨曦　尹春森　龙　盾　卢　琰

田　影　仪晓迪　刘　砚　刘　晔　刘　越

刘　博　刘　晴　刘珍贵　刘浩然　闫　燕

江城丞　祁梦超　许　勇　苏　楠　李　洁

李　晶　李　灏　李海燕　杨　涛　杨尚琼

杨程方　吴瑞成　邹文昕　沈岱松　宋　明

宋雨河　宋援丰　张　芸　张　弦　张　勇

张　浩　张　斌　张田雨　张利利　张怀墨

张禹哲　陈玮奕　陈治宇　陈祥新　武　洋

房宏达　赵玘玥　茹　蕾　姜　晔　姚羽佳

骆　翔　徐　加　徐佳利　高春玲　郭　昕

席佳行　唐利玥　陶　畅　曹　畅　章树民

彭勃文　蒋函峰　程玉伟　鲁乃君　谢冬生

廉　卫　蔡予熙　潘征新　魏田军

党的十八大以来，在以习近平同志为核心的党中央坚强领导下，中国实行更加积极主动的开放战略，坚持对内对外开放相互促进、"引进来"和"走出去"更好结合，构建互利共赢、多元平衡、安全高效的开放型经济体系。中国国际经济合作和竞争新优势不断增强。习近平总书记在二十届中共中央政治局常委同中外记者见面时强调，中国发展离不开世界，世界发展也需要中国。中国已成为140多个国家和地区的主要贸易伙伴，货物贸易总额居世界第一，吸引外资和对外投资居世界前列，形成更大范围、更宽领域、更深层次的对外开放格局。习近平总书记在党的二十大报告中指出，中国坚持对外开放的基本国策，坚定奉行互利共赢的开放战略，不断以中国新发展为世界提供新机遇，推动建设开放型世界经济，更好地惠及各国人民。中国坚持经济全球化正确方向，推动贸易和投资自由化便利化，推进双边、区域和多边合作，促进国际宏观经济政策协调，共同营造有利于发展的国际环境，共同培育全球发展新动能。

当前，世界正经历百年未有之大变局，虽然世界卫生组织已宣布新冠疫情不再构成"国际关注的突发公共卫生事件"，但新冠肺炎疫情全球大流行尚未结束，全球社会经济发生深刻改变，全球农业发展和粮食安全面临多重挑战。全球人口数量继续呈现正增长，2021年全球人口数量达78.37亿。全球土地、水资源约束和极端天气风险加大，联合国粮食及农业组织《2021年世界粮食和农业领域土地及水资源状况：系统濒临极限》报告显示，世界人均耕地面积从2011年的0.195公顷下降到2020年的0.178公顷；联合国减少灾害风险办公室在《2000—2019年灾害造成的人类损失》报告中指出，2000—2019年，全球共发生7 348起重大灾害，约42亿人受到影响。另外，贸易限制政策和突发事件等导致供应链不畅，传导形成市场连锁压力。能源短缺和化肥价格上涨等增加了农业生产成本，《BP世界能源统计年鉴2022》显示，2021年油价平均为70.91美元/桶。2021年化肥（涵盖氮肥、磷肥和钾肥）在全球范围内出现价格飙升，并传导至生产端。全球通胀加剧、农产品价格水平高位运行，2021年全年，联合国粮食及农业组织食品价格指数平均为125.7点，比上年高出27.6点。

面对全球粮农领域的传统问题和全新挑战，中国始终坚持做好自己的事。中国政府高度重视粮食安全和乡村振兴，确立了农业农村优先发展总方针，打赢了脱贫攻坚战，历史性地解决了绝对贫困问题，为全球减贫事业作出了重大贡献，农业农村发展取得了显著成效，发挥了"压舱石"作用。截至2021年，粮食年总产量连续7年稳定在6.5亿吨以上，2021年人均粮食占有量达483千克，做到了"谷物基本自给、口粮绝对安全"，超过14亿人的饭碗牢牢端在自己手中。农业科技进步贡献率突破60%，农作物耕种收综合机械化率超过72%，主要农作物良种基本实现全覆盖，建成9亿亩高标准农田。农村人居环境、基础设施不断改善，教育文化、医疗卫生、社会保障等民生事业不断发展，乡村治理效能不断提升，农村社会稳定安宁。

党的十八大以来，中国农业进入全方位对外开放新阶段，服务国家政治外交大局和"三农"工作全局，深度融入全球农业资源配置，积极参与全球粮农治理。习近平总书记在党的二十大报告中对全面推进乡村振兴作出重要部署，强调"坚持农业农村优先发展""加快建设农业强国"。农业农村部部长唐仁健在《党的二十大报告辅导读本》中的署名文章《加快建设农业强国》指出，要以保障国家粮食安全为底线，以科技和机制创新为动力，以设施和装备升级为重点，推动农业发展由追求速度规模向注重质量效益竞争力转变，由依靠传统要素驱动向注重科技创新和提高劳动者素质转变，由产业链相对单一向集聚融合发展转变，把我国加快建成供给保障有力、绿色高质高效、产业链条完备、竞争优势明显的农业强国。要推进农业对外合作全方位展开，优化农产品贸易布局，实施农产品进口多元化战略，促进优势特色农产品出口，创新发展农业服务贸易。培育国际大粮商和跨国农业企业集团，推进生产、加工、仓储物流等全产业链协同布局。围绕粮食安全、气候变化、绿色发展等领域，加强全球农业科技合作。积极参与全球粮农治理，共同制定国际标准规则，增强我国农业国际影响力。

在农业农村部国际合作司指导支持下，自2013年起，农业农村部对外经济合作中心（以下称外经中心）持续组织开展企业对外农业投资信息采集工作，并编制出版年度《中国农业对外投资合作分析报告》等信息产品，为政府部门政策创设、企业投资决策及行业分析研究提供参考。

2022年，外经中心联合全国31个省（自治区、直辖市）、新疆生产建设兵团农业农村行政主管部门，以及北大荒农垦集团、广东省农垦总局及其他涉农央企等单位，完成了2021年对外农业投资信息采集。经梳理，编制了《中国农业对外投资合作分析报告（2022年）》。报告共六章，包括：全球农业投资与中国农业对外投资概况、2021年中国农业对外投资区域分布情况、2021年国内对外农业投资情况、中国农业对外投资产业分布情况、跨国农业投资动态，以及对外农业投资平台和企业案例分析等。

　　从《中国农业对外投资合作分析报告（2022年）》看，截至2021年底，共有810家境内企业在境外开展投资，设立的1 120家农业企业，覆盖全球六大洲的117个国家及地区。投资流量总额为16.62亿美元，投资存量总额为271.15亿美元。中国农业对外投资呈现如下特点：①从投资结构看，投资主要集中在亚洲，投资产业以种植业为主。②从投资主体看，境外企业数量以中小规模居多，但央企、国企、全国农/林业产业化国家重点龙头企业是主力军。③从社会影响看，境外农业生产社会效益显著。2021年，中国在境外设立农业企业共雇佣当地人员18.30万人，在境外设立农业企业营业收入总额为859.57亿美元，共向当地缴纳税金7.82亿美元。

　　中国开放的大门会越来越大。外经中心作为中国农业对外合作的窗口单位，将持续关注并服务好中国农业对外投资合作等相关工作，为政府决策、企业投资及行业研究作好支撑，共同为全球农业发展和粮食安全贡献中国智慧和中国方案。

编　者

2023年2月

目 录

第六章　对外农业投资平台和企业案例分析

后记

附录

图表索引

图索引

表索引

第一章

全球农业投资与中国农业
对外投资概况

当前，世界正经历百年未有之大变局，再加上新冠肺炎疫情全球大流行尚未完全结束，全球社会经济发生深刻改变，世界面临动荡变革。受人口增长、气候异常、资源约束等多重因素叠加影响，全球农业发展和粮食安全面临前所未有的挑战。面对全球粮农领域传统问题和全新挑战，中国始终坚持做好自己的事，同时持续深化农业全方位开放，坚持正确的义利观，引导企业有序开展农业对外投资，实现互利共赢、共同发展。

一、全球农业投资基本情况

联合国粮食及农业组织（以下简称联合国粮农组织）发布的《2022年世界粮食安全和营养状况：调整粮食和农业政策，提升健康膳食可负担性》显示，2021年，全球饥饿人口增加，各国之间和各国内部发展不平衡现象加剧，食物不足发生率达9.8%；共有7.02亿～8.28亿人陷入饥饿，全世界约有23亿人处于中度或重度粮食不安全状态。

（一）全球农业发展和粮食安全面临多重挑战

从需求方面看，人口数量继续正增长，农产品需求规模扩大、消费结构升级。2010年全球总人口突破了69.22亿，此后全球人口仍然一路增长，2021年全球人口数量达78.37亿人，较2020年增加了0.73亿人，同比增长0.94%；2022年11月15日，世界人口达到80亿。同时，伴随经济发展和生活水平提升，农产品消费结构升级，粮食深加工和粮食转化（如玉米燃料乙醇）规模扩大，进一步增加了全球农业发展和粮食安全压力。

从生产方面看，土地、水资源约束和极端天气风险加大。联合国粮农组织《2021年世界粮食和农业领域土地及水资源状况：系统濒临极限》报告显示，城市的快速扩张已经挤占了所有类型的农业用地，世界人均耕地面积从2011年的0.195公顷下降到2020年的0.178公顷。随着农业逐步集约化，各种实证同时反映出土地退化的规模和严重程度，具体表现为土壤侵蚀、养分耗竭、盐碱度上升，34%的农地（16.6亿公顷）面临人为造成的退化。全球水资源平衡面临着压力，水资源物理短缺和淡水污染产生的局部影响正在扩大和加速。联合国减少灾害风险办公室在《2000—2019年灾害造成的人类损失》报告中指出，2000—2019年，全球共发生7 348起重大灾害，约42亿人受到影响，经济损失约2.97万亿美元，远超1980—1999年的4 212起重大自然灾害。2021年北美和欧洲多次出现极端炎热天气，农作物大幅减产，欧洲出现大暴雨，南非、巴西遭遇极端低温与降雪天气。联合国粮农组织2022年10月发布《谷物供需报告》预测，2022—2023年全球谷物产量为27.68亿吨，同比下降1.7%。

从流通方面看，限制政策和突发事件等导致供应链不畅。联合国贸易和发展会议（UNCTAD）《2021年海运述评报告》指出，海运业受新冠肺炎疫情影响产生的负面效益低于早前预期；虽然中期前景仍较为积极，但随着世界经济增长率下降，海运贸易也存在风险和不确定性，例如粮食贸易港口停摆、航道受阻、海运价格上涨等问题频发，导致粮食运输堵点增加。一些国家出台了玉米、面粉、植物油、豆类等农产品出口限制措施，传导形成了市场连锁压力。

从要素方面看，能源短缺和化肥价格上涨等因素增加了农业生产成本。《BP世界能源统计年鉴2022》显示，2021年一次能源需求增长5.8%，超过2019年。2021年，油价平均为70.91美元/桶，为2015年以来的第二高水平。自1952年《BP世界能源统计年鉴》首次发布以来，当前全球能源系统面临的挑战和不确定性是近50年来最大的。国际肥料协会（IFA）数据显示，2021年全球化肥消费总量为2.038亿吨，同比增长6.3%；2021年，由于天然气价格攀升等原因，化肥（涵盖氮肥、磷肥和钾肥）在全球范围内价格飙升，并传导至生产端。

从价格方面看，全球通胀加剧农产品价格水平高位运行。2021年，新冠肺炎疫情有所缓和，经济开始恢复，但之后又出现疫情的反复，经济又增加了不确定性，特别是通货膨胀率大幅上升。世界银行数据显示，2021年80多个国家和地区的通货膨胀率达到近5年新高。世界经济增速大幅下降并陷入衰退，全球农产品供需将从供应相对充足转向供不应求，全球农产品价格在高位震荡。2021年全年，联合国粮农组织食品价格指数平均为125.7点，比上年高出27.6点，所有分项指数均大幅高于上年。

（二）全球外国直接投资呈现增长后放缓态势

2021年全球外国直接投资呈现增长态势。2022年1月，联合国贸易和发展会议发布的《全球投资趋势监测》报告显示，2021年全球外国直接投资（FDI）流量反弹，从2020年的9 290亿美元增长77%至约1.65万亿美元。其中，美国是最大的外资吸收国，达到3 230亿美元，其中跨境并购的价值达到2 850亿美元。欧盟的外国直接投资增长了8%，巴西的外国直接投资达到580亿美元，东盟外国直接投资流入量增长了35%。

2022年全球外国直接投资增势放缓。联合国贸易和发展会议在2022年6月发布的《2022年世界投资报告》显示，2022年全球对外直接投资前景趋于严峻。2022年全球商业和投资环境发生巨变，诸多不利因素给全球外国直接投资前景蒙上阴影，包括乌克兰危机导致的食品和燃料价格高企以及融资紧张、疫情持续影响、主要经济体进一步加息的可能性、金融市场负面情绪以及潜在的衰退等。2022年第一季度数据显示，全球新建项目数量减少了21%，跨境并购活动减少了13%，国际项目融资交易减少了4%，预计无法持续2021年的增长势头。

（三）全球农业绿地投资稳步推进

全球绿地投资数据库（fDi Markets）显示，截至2021年底，全球共有117个国家（地区）的4 639家企业，境外合计设立6 541家企业对外进行涉农绿地投资①，在全球共计开展涉农绿地投资

---

① 本报告中所有使用fDi Markets投资数据的部分所指的"投资"均为涉农绿地项目投资，其"投资额"均指"资本支出"（Capital Expenditure，CapEx），指企业为取得长期资产或取得为一个以上会计期间提供效益的财产或劳务所发生的支出，与商务部、国际组织等对外直接投资（Foreign Direct Investment，FDI）有所不同。fDi Markets数据从2003年开始统计，累计投资额指统计起始至指定时间为止的所有资本支出之和。

项目 15 079 个，累计投资总额达 6 359.67 亿美元，在全球累计创造超过 208.55 万个就业岗位。2021年，全球新增对外涉农绿地投资项目 962 个，新增涉农绿地投资额 357.65 亿美元。

1. 全球对外涉农绿地投资区域分布　fDi Markets 显示，截至 2021 年底，全球累计对外涉农绿地投资额最大的区域为欧洲地区，绿地项目总数 8 096 个，投资总额 2 950.16 亿美元。累计涉农绿地投资总额排名第二和第三的区域分别为亚洲和北美洲，分别为 1 597.73 亿美元和 1 476.93 亿美元。

2. 全球吸收涉农绿地投资区域分布　fDi Markets 显示，截至 2021 年底，全球吸收涉农绿地投资总额最多的区域是欧洲，项目总数 6 153 个，吸收投资总额 1 966.72 亿美元。累计吸收投资总额排名第二和第三的区域分别为亚洲和北美洲，分别为 1 945.71 亿美元和 1 082.39 亿美元。

3. 全球对外涉农绿地投资主要国别　fDi Markets 显示，截至 2021 年底，全球涉农绿地投资额最大的 5 个国家分别为美国（1 250.50 亿美元）、德国（499.29 亿美元）、瑞士（426.24 亿美元）、英国（403.49 亿美元）和中国（343.97 亿美元）。

4. 全球吸收涉农绿地投资主要国别　fDi Markets 显示，截至 2021 年底，全球吸收涉农绿地投资额最大的 5 个国家分别为美国（610.27 亿美元）、中国（609.62 亿美元）、俄罗斯（553.82 亿美元）、墨西哥（275.24 亿美元）和巴西（272.55 亿美元）。

二、中国农业对外投资概况

截至 2021 年底，共有 810 家境内企业在境外开展投资，设立了 1 120 家农业企业，覆盖全球六大洲 117 个国家及地区。投资流量总额为 16.62 亿美元，投资存量总额为 271.15 亿美元。

（一）投资结构

投资主要集中在亚洲。2021 年，亚洲投资流量为 8.00 亿美元，占 48.13%；欧洲为 4.98 亿美元，占 29.96%；大洋洲为 2.97 亿美元，占 17.87%；非洲为 0.39 亿美元，占 2.35%；南美洲为 0.11 亿美元，占 0.66%；北美洲为 0.17 亿美元，占 1.02%。

截至 2021 年底，亚洲投资存量为 116.98 亿美元，占 43.14%；欧洲为 76.02 亿美元，占 28.04%；大洋洲为 38.30 亿美元，占 14.13%；非洲为 17.00 亿美元，占 6.27%；南美洲为 17.50 亿美元，占 6.45%；北美洲为 5.35 亿美元，占 1.97%（图 1-1）。

投资以种植业为主。2021 年，中国对外农业投资投向种植业的投资流量为 6.47 亿美元，占 38.93%；畜牧业为 3.97 亿美元，占 23.89%；林业为 0.29 亿美元，占 1.74%；渔业为 0.17 亿美元，占 1.02%；农资产业为 3.85 亿美元，占 23.16%；其他产业为 1.87 亿美元，占 11.25%（图 1-2）。

截至 2021 年底，中国对外农业投资投向种植业投资存量为 136.53 亿美元，占 50.35%；畜牧业为 43.19 亿美元，占 15.93%；林业为 16.94 亿美元，占 6.25%；渔业为 14.76 亿美元，占 5.43%；农资产业为 12.12 亿美元，占 4.47%；其他产业为 47.62 亿美元，占 17.56%。

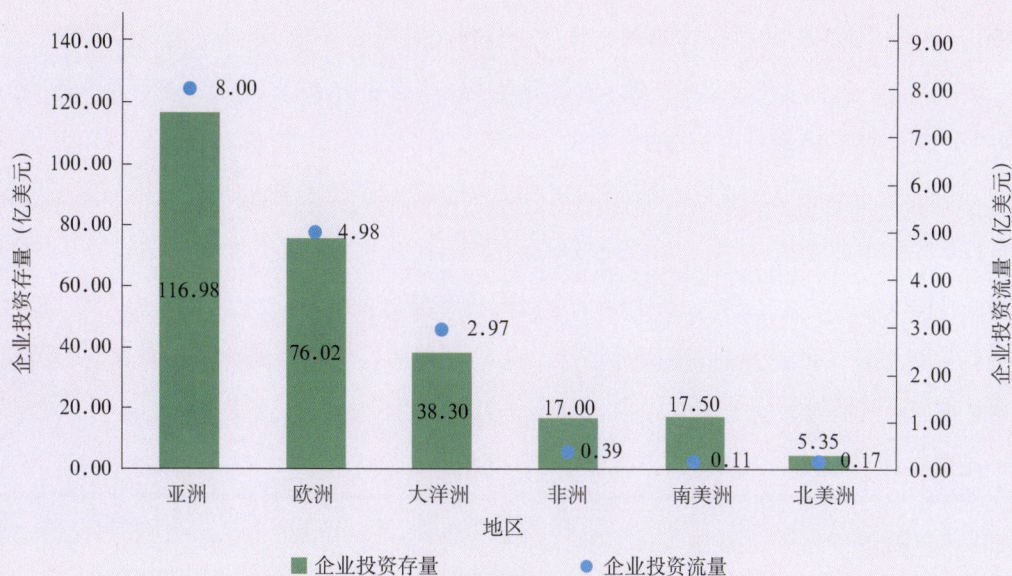

图1-1　2021年中国农业对外投资全球分布情况

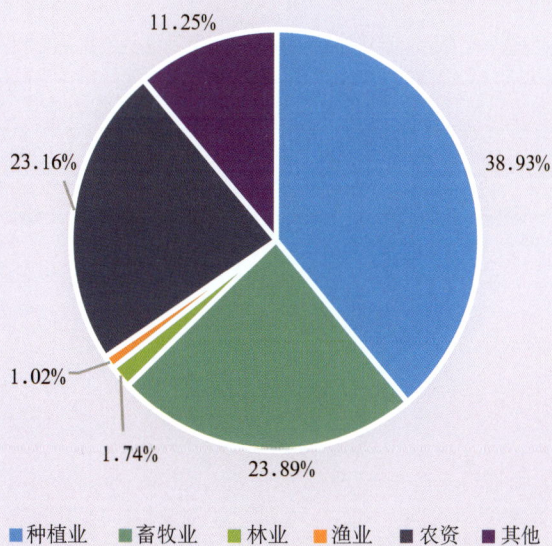

图1-2　2021年中国农业对外投资流量产业分布情况

（二）主体构成

境外企业以中小规模居多。在1 120家境外农业投资企业中，投资存量在200万美元以下的有483家，占43.13%；境外企业投资存量在201万美元至500万美元的有181家，占16.16%；境外企业投资存量在501万美元至1 000万美元的有169家，占15.09%；境外企业投资存量在1 001万美元至2 000万美元的有122家，占10.89%；境外企业投资存量在2 001万美元至5 000万美元的有86家，占7.68%，境外企业投资存量在5 001万美元至1亿美元的有35家，占3.13%；境外企业投资存量在1亿美元以上的有44家，占3.93%。

央企、国企、全国农/林业产业化国家重点龙头企业（以下简称国家重点龙头企业）是主力军。在1 120家境外农业企业中，有243家是由央企、国企、国家重点龙头企业设立，占21.70%。投资流量达11.25亿美元，占总流量的67.69%；投资存量达148.37亿美元，占总存量54.72%。单个企业平均投资流量、存量分别为0.05亿美元、0.61亿美元，分别是其他类型企业的7.56倍、4.36倍。有877家是由其他类型企业设立，占78.30%。其他类型企业投资流量5.37亿美元，占总流量的32.31%；投资存量122.78亿美元，占总存量的45.28%。

（三）社会影响

境外农业生产社会效益显著。自2012年以来，中国在境外设立农业企业雇佣当地人员逐年增长，2021年达18.30万人（表1-1）。2021年，中国在境外设立农业企业营业收入总额为859.57亿美元，向当地缴纳税金7.82亿美元。

表1-1　2012—2021年中国在境外设立农业企业雇佣当地员工情况

单位：万人

年份	2012	2013	2014	2015	2016	2017	2018	2019	2020	2021
雇佣当地员工	8.80	5.97	12.59	11.07	14.73	13.40	15.14	15.71	17.85	18.30

第二章

2021年中国农业对外投资
区域分布情况

全球疫情的持续蔓延和地区冲突带来了诸多不确定性，我国农业对外投资也面临诸多风险与挑战，但总体看，2021年中国农业对外投资依然比较活跃。

一、全球分布情况

2021年，中国农业对外投资流量16.62亿美元，投资存量271.15亿美元。从区域来看，中国在亚洲、欧洲、大洋洲、非洲、南美洲和北美洲六个大洲均开展了投资，亚洲是投资的主要聚集区域，其次是欧洲。

2021年，对亚洲投资流量为8.00亿美元，占中国农业对外投资流量总量的48.13%；欧洲4.98亿美元，占29.96%；大洋洲2.97亿美元，占17.87%；非洲0.39亿美元，占2.35%；南美洲0.11亿美元，占0.66%；北美洲0.17亿美元，占1.02%。

截至2021年底，在亚洲的投资存量为116.98亿美元，占中国农业对外投资存量的43.14%；欧洲76.02亿美元，占28.04%；大洋洲38.30亿美元，占14.13%；非洲17.00亿美元，占6.27%；南美洲17.50亿美元，占6.45%；北美洲5.35亿美元，占1.97%。

2021年，在亚洲投资企业数量为609家，占中国农业对外投资企业总量的54.38%；欧洲140家，占12.50%；大洋洲89家，占7.95%；非洲176家，占15.71%；南美洲36家，占3.21%；北美洲70家，占6.25%（表2-1）。

表2-1　2021年中国农业对外投资区域分布情况

大洲名称	投资流量（亿美元）	占比（%）	投资存量（亿美元）	占比（%）	企业数量（家）	占比（%）
亚洲	8.00	48.13	116.98	43.14	609	54.38
欧洲	4.98	29.96	76.02	28.04	140	12.50
大洋洲	2.97	17.87	38.30	14.13	89	7.95
非洲	0.39	2.35	17.00	6.27	176	15.71
南美洲	0.11	0.66	17.50	6.45	36	3.21
北美洲	0.17	1.02	5.35	1.97	70	6.25
总计	16.62	100.00	271.15	100.00	1 120	100.00

（一）投资规模分布情况

2021年，中国农业对外投资流量为16.62亿美元。其中，亚洲为8.00亿美元，主要在印度尼西亚（2.13亿美元）；欧洲为4.98亿美元，主要在瑞士（4.43亿美元）；大洋洲为2.97亿美元，主要在新西兰（2.61亿美元）；非洲为0.39亿美元，主要在埃及（0.10亿美元）；南美洲为0.11亿美元，主要在巴西（0.08亿美元）；北美洲为0.17亿美元，主要在加拿大（0.08亿美元）[①]。

截至2021年底，中国农业对外投资存量达271.15亿美元。其中，亚洲为116.98亿美元，主要在印度尼西亚（22.62亿美元）；欧洲为76.02亿美元，主要在瑞士（54.04亿美元）；大洋洲为38.30亿美元，主要在澳大利亚（19.88亿美元）；非洲为17.00亿美元，主要在毛里塔尼亚（2.73亿美元）；南美洲为17.50亿美元，主要在巴西（13.93亿美元）；北美洲为5.35亿美元，主要在美国（2.30亿美元）。其他数据详见表2-2。

表2-2　2021年中国农业对外投资规模、区域和国别情况

区域	国家（地区）	投资流量（亿美元）	投资存量（亿美元）
亚洲	印度尼西亚	2.13	22.62
	老挝	1.05	22.59
欧洲	瑞士	4.43	54.04
	法国	0.00[②]	7.89
大洋洲	澳大利亚	0.34	19.88
	新西兰	2.61	15.75
非洲	毛里塔尼亚	0.00	2.73
	津巴布韦	0.01	1.50
南美洲	巴西	0.08	13.93
	阿根廷	0.00[③]	1.46
北美洲	美国	0.05	2.30
	牙买加	0.00	1.76

注：因篇幅有限，且投资存量更能体现总体累计投资水平，本表仅显示各大洲投资存量前两位国家信息。

（二）境外企业分布情况

截至2021年底，中国境外投资设立农业企业共1 120家，较2020年增加了110家，主要在亚洲、非洲和欧洲。其中，亚洲609家、非洲176家、欧洲140家、大洋洲89家、北美洲70家、南美洲36家。

[①] 北美洲投资主要在加拿大（0.08亿美元）、美国、巴拿马（0.05亿美元），其他国家金额较小。
[②][③] 法国、阿根廷投资流量分别为20万美元及3.1万美元，因表格单位为亿美元，上述数值过小而无法在表内体现。

二、在各洲农业投资情况

本节具体介绍中国在各洲的农业投资流量、存量和企业数量，以及在各洲农业投资产业的特点。

（一）中国在亚洲农业投资情况

2021年，中国在亚洲的投资流量为8.00亿美元，占全球投资流量总额的48.13%，同比下降20.95%。其中，种植业为3.47亿美元，占43.38%；畜牧业为1.50亿美元，占18.75%；林业为0.08亿美元，占1.00%；渔业为0.01亿美元，占0.13%；农资产业为1.70亿美元，占21.25%；其他产业为1.24亿美元，占15.50%。印度尼西亚（2.13亿美元）、以色列（1.65亿美元）和老挝（1.05亿美元）是中国在亚洲投资流量排名前三位的国家。

截至2021年底，中国对亚洲的投资存量为116.98亿美元，同比上升15.95%，占全球投资存量总额的43.14%。其中，种植业为45.52亿美元，占38.91%；畜牧业为20.98亿美元，占17.93%；林业为15.02亿美元，占12.84%；渔业为3.64亿美元，占3.11%；农资产业为8.89亿美元，占7.60%；其他产业为22.93亿美元，占19.60%。印度尼西亚（22.62亿美元）、老挝（22.59亿美元）和以色列（15.26亿美元）是中国在亚洲投资存量排名前三位的国家。

2021年，中国在亚洲投资农业企业609家，新增42家，占境外企业总数的54.38%，分布于34个国家及地区。其中，涉及种植业的企业283家，占46.47%；涉及畜牧业的43家，占7.06%；涉及林业的7家，占1.15%；涉及渔业的51家，占8.37%；涉及农资产业的47家，占7.72%；涉及其他产业的178家，占29.23%（表2-3）。缅甸（101家）、老挝（91家）和印度尼西亚（62家）是中国在亚洲投资企业数量排名前三位的国家。

表2-3　2021年中国在亚洲农业投资产业分布情况

涉及产业类别	投资流量（亿美元）	占比（%）	投资存量（亿美元）	占比（%）	企业数量（家）	占比（%）
种植业	3.47	43.38	45.52	38.91	283	46.47
畜牧业	1.50	18.75	20.98	17.93	43	7.06
林业	0.08	1.00	15.02	12.84	7	1.15
渔业	0.01	0.13	3.64	3.11	51	8.37
农资产业	1.70	21.25	8.89	7.60	47	7.72
其他	1.24	15.50	22.93	19.60	178	29.23
总计	8.00	100.00	116.98	100.00	609	100.00

2021年，中国在亚洲国家设立境外企业雇佣当地员工12.66万人，在当地缴纳税金3.34亿美元。

（二）中国在欧洲农业投资情况

2021年，中国在欧洲的农业投资流量为4.98亿美元，同比下降38.06%，占流量总额的29.96%。其中，种植业2.530亿美元，占50.80%；畜牧业50万美元，占0.10%；渔业0.06亿美元，占1.20%；农资产业2.14亿美元，占42.97%；其他产业2 400万美元，占4.82%。中国在欧洲投资流量排名前三位的国家分别是瑞士（4.43亿美元）、俄罗斯（0.38亿美元）和西班牙（0.06亿美元）。

截至2021年底，中国对欧洲的投资存量为76.02亿美元，占存量总额的28.04%。其中，种植业58.87亿美元，占77.44%；畜牧业7.48亿美元，占9.84%；林业0.15亿美元，占0.20%；渔业1.01亿美元，占1.33%；农资产业2.34亿美元，占3.08%；其他产业6.17亿美元，占8.12%。中国在欧洲投资存量排名前三位的国家分别是瑞士（54.04亿美元）、法国（7.89亿美元）和俄罗斯（4.76亿美元）。

2021年，中国在欧洲投资农业企业共140家，占境外农业投资企业总数的12.5%，分布于23个国家，其中，涉及种植业的企业74家，占52.86%；涉及畜牧业的7家，占5.00%；涉及林业的3家，占2.14%；涉及渔业的6家，占4.29%；涉及农资产业的5家，占3.57%；涉及其他产业的45家，占32.14%。俄罗斯（80家）、法国（11家）和西班牙（7家）是中国在欧洲设立企业数量排名前三位的国家（表2-4）。

表2-4 2021年中国在欧洲农业投资产业分布情况

产业类别	投资流量（亿美元）	占比（%）	投资存量（亿美元）	占比（%）	企业数量（家）	占比（%）
种植业	2.530	50.80	58.87	77.44	74	52.86
畜牧业	0.005	0.10	7.48	9.84	7	5.00
林业	0.000	0.00	0.15	0.20	3	2.16
渔业	0.060	1.20	1.01	1.33	6	4.29
农资产业	2.140	42.97	2.34	3.08	5	3.57
其他	0.240	4.82	6.17	8.12	45	32.14
总计	4.975	100.00	76.02	100.00	140	100.00

注：表内数据与上文数据有细微差别，为四舍五入导致，百分比总计也因原始数据原因呈现表内情况，非数据错误。

2021年，中国在欧洲国家设立的境外企业雇佣当地员工0.46万人，在当地缴纳税金2.94亿美元。

（三）中国在非洲农业投资情况

2021年，中国在非洲的农业投资流量为0.39亿美元，同比下降78.33%，占流量总额的2.35%。

其中，种植业为0.16亿美元，占40.92%；畜牧业为31.42万美元，占0.77%；林业为160万美元，占4.10%；农资产业为16.00万美元，占0.51%；渔业为0.04亿美元，占10.23%；其他产业为0.17亿美元，占43.48%。

截至2021年底，中国对非洲的农业投资存量为17.00亿美元，占存量总额的6.27%。其中，种植业为6.35亿美元，占37.35%；畜牧业为0.31亿美元，占1.82%；林业为0.72亿美元，占4.24%；农资产业为0.40亿美元，占2.35%；渔业为6.22亿美元，占36.59%；其他产业为3.00亿美元，占17.65%。

截至2021年底，中国在非洲投资农业企业176家，占境外企业总数的15.71%，分布于36个国家。其中，涉及种植业的企业57家，占32.39%；涉及畜牧业的企业5家，占2.84%；涉及林业的企业10家，占5.68%；涉及渔业的企业58家，占32.95%；涉及农资产业的企业8家，占4.55%；涉及其他产业的企业38家，占21.59%（表2-5）。加纳（14家）、毛里塔尼亚（12家）和莫桑比克（11家）是中国在非洲设立企业数量排名前三位的国家。

表2-5　2021年中国在非洲农业投资产业分布情况

涉及产业类别	投资流量（亿美元）	占比（%）	投资存量（亿美元）	占比（%）	企业数量（家）	占比（%）
种植业	0.16	40.92	6.35	37.35	57	32.39
畜牧业	0.00[①]	0.77	0.31	1.82	5	2.84
林业	0.02	4.10	0.72	4.24	10	5.68
渔业	0.04	10.23	6.22	36.59	58	32.95
农资产业	0.00[②]	0.51	0.40	2.35	8	4.55
其他	0.17	43.48	3.00	17.65	38	21.59
总计	0.39	100.00	17.00	100.00	176	100.00

注：①②畜牧业和农资产业投资流量分别为31.42万美元、16万美元，因表格单位为亿美元，上述数值过小而无法在表内体现。

2021年，中国在非洲国家设立的境外企业雇佣当地员工3.47万人，在当地缴纳税金0.48亿美元。

（四）中国在大洋洲农业投资情况

2021年，中国在大洋洲的农业产业投资流量为2.97亿美元，同比上升35.62%，占投资流量总额的17.87%。其中，种植业0.21亿美元，占7.07%；畜牧业2.39亿美元，占80.47%；林业0.19亿美元，占6.40%；渔业0.01亿美元，占0.34%；其他产业0.17亿美元，占5.72%。

2021年，中国在大洋洲投资农业企业89家，较2020年增加12家，占境外设立农业企业总数的7.95%，分布于9个国家。其中，涉及种植业的企业20家，占22.47%；涉及畜牧业的31家，占34.83%；涉及林业的8家，占8.99%；涉及渔业的14家，占15.73%；涉及其他产业的16家，占17.98%（表2-6）。澳大利亚（48家）、新西兰（24家）和斐济（4家）是中国在大洋洲设立企业数量排名前三位的国家。

表2-6　2021年中国在大洋洲农业投资产业分布情况

产业类别	投资流量（亿美元）	占比（%）	投资存量（亿美元）	占比（%）	企业数量（家）	占比（%）
种植业	0.21	7.07	10.11	26.40	20	22.47
畜牧业	2.39	80.47	13.89	36.27	31	34.83
林业	0.19	6.40	0.55	1.44	8	8.99
渔业	0.01	0.34	2.30	6.00	14	15.73
其他	0.17	5.72	11.45	29.90	16	17.98
总计	2.97	100.00	38.30	100.00	89	100.00

2021年，中国在大洋洲国家设立的境外企业雇佣当地员工1.12万人，在当地缴纳税金0.69亿美元。

（五）中国在南美洲农业投资情况

2021年，中国在南美洲的农业投资流量为0.11亿美元，同比下降59.26%，占流量总额的0.66%。其中，种植业为0.07亿美元，占62.65%；渔业为0.01亿美元，占7.65%；其他产业为0.03亿美元，占29.70%。

截至2021年底，中国对南美洲的农业投资存量为17.50亿美元，占存量总额的6.45%。其中，种植业为13.40亿美元，占76.57%；畜牧业为0.27亿美元，占1.56%；林业为0.29亿美元，占1.66%；渔业为1.32亿美元，占7.52%；农资产业为0.03亿美元，占0.17%；其他产业为2.19亿美元，占12.51%。

2021年，中国在南美洲投资成立农业企业共36家，较2020年新增1家，占境外企业总数的3.21%，分布于10个国家。涉及种植业的8家，占22.22%；涉及畜牧业的2家，占5.56%；涉及林业的1家，占2.78%；涉及渔业的14家，占38.89%；涉及农资产业的2家，占5.56%；涉及其他产业的9家，占25.00%（表2-7）。阿根廷（11家）、巴西（8家）和智利（6家）是中国在南美洲设立企业数量排名前三位的国家。

表2-7 2021年中国在南美洲农业投资产业分布情况

产业类别	投资流量（亿美元）	占比（%）	投资存量（亿美元）	占比（%）	企业数量（家）	占比（%）
种植业	0.07	62.64	13.40	76.58	8	22.22
畜牧业	0.00	0.00	0.27	1.56	2	5.56
林业	0.00	0.00	0.29	1.66	1	2.78
渔业	0.01	7.91	1.32	7.52	14	38.89
农资产业	0.00	0.00	0.03	0.17	2	5.56
其他	0.03	27.27	2.19	12.51	9	25.00
总计	0.11	100.00	17.50	100.00	36	100.00

2021年，中国在南美洲国家设立的境外企业雇佣当地员工0.48万人，在当地缴纳税金0.32亿美元。

（六）中国在北美洲农业投资情况

2021年，中国在北美洲的农业投资流量为0.17亿美元，同比上升70.00%，占中国农业对外投资流量总额的1.02%。其中，种植业0.02亿美元，占北美洲投资流量总额比例的11.76%；畜牧业0.07亿美元，占41.18%；渔业0.05亿美元，占29.41%；农资产业0.01亿美元，占5.88%；其他产业0.02亿美元，占11.76%。

截至2021年底，中国对北美洲的农业投资存量为5.35亿美元，占中国农业对外投资存量总额的1.97%。其中，种植业2.28亿美元，占42.62%；畜牧业0.26亿美元，占4.86%；林业0.21亿美元，占3.93%；渔业0.27亿美元，占5.05%；农资产业0.46亿美元，占8.60%；其他产业1.87亿美元，占34.95%。

2021年，中国在北美洲投资农业企业共70家，占境外企业总数的6.25%，分布在美国（54家）、加拿大（12家）、巴拿马（2家）、牙买加（1家）和哥斯达黎加（1家）。其中，涉及种植业的企业17家，占24.29%；涉及畜牧业的5家，占7.14%；涉及林业的3家，占4.29%；涉及渔业的6家，占8.57%；涉及农资产业的7家，占10.00%；涉及其他产业的32家，占45.71%（表2-8）。

表2-8 2021年中国在北美洲农业投资产业分布情况

产业类别	投资流量（亿美元）	占比（%）	投资存量（亿美元）	占比（%）	企业数量（家）	占比（%）
种植业	0.02	11.76	2.28	42.62	17	24.29
畜牧业	0.07	41.18	0.26	4.86	5	7.14

（续）

产业类别	投资流量（亿美元）	占比（%）	投资存量（亿美元）	占比（%）	企业数量（家）	占比（%）
林业	0.00	0.00	0.21	3.93	3	4.29
渔业	0.05	29.41	0.27	5.05	6	8.57
农资产业	0.01	5.88	0.46	8.60	7	10.00
其他	0.02	11.76	1.87	34.95	32	45.71
总计	0.17	100.00	5.35	100.00	70	100

2021年，中国在北美洲国家设立的境外企业雇佣当地员工0.12万人，在当地缴纳税金0.05亿美元。

三、在共建"一带一路"国家农业投资情况

（一）总体情况

截至2021年底，中国企业在共建"一带一路"国家投资设立了868家农业企业，覆盖90个国家，覆盖率达60.40%。其中，独资企业492家，占56.68%；合资企业246家，占28.34%；合作企业83家，占9.56%；其他47家，占5.41%（表2-9）[1]。

表2-9　2021年中国在共建"一带一路"国家农业投资境外企业类别分布情况

境外企业类别	企业数量（家）	占比（%）
独资企业	492	56.68
合资企业	246	28.34
合作企业	83	9.56
其他	47	5.41
总计	868	100.00

2021年，中国企业对共建"一带一路"国家农业投资9.80亿美元，占对外农业投资总流量的58.98%。其中，对亚洲投资6.26亿美元，占63.88%；对大洋洲投资2.63亿美元，占26.84%；对欧洲投资0.46亿美元，占4.69%，对非洲投资0.37亿美元，占3.78%；对北美洲投资0.05亿美元，占

[1] 根据中国一带一路网信息，截至2022年7月，中国已经与149个国家和32个国际组织签署200余份共建"一带一路"合作文件。

0.51%；对南美洲投资0.04亿美元，占0.41%（表2-10）。

表2-10　2021年中国在共建"一带一路"国家农业投资流量区域分布情况

区域	投资流量（亿美元）	占比（%）
亚洲	6.26	63.88
大洋洲	2.63	26.84
欧洲	0.46	4.69
非洲	0.37	3.78
北美洲	0.05	0.51
南美洲	0.04	0.41
总计	9.80[①]	100.00[②]

注：①投资流量各项相加如与总计数有细微差别，为四舍五入导致。②各部分占比相加如不等于100%为四舍五入造成，为保持原始数据原貌，未对数据进行修正，并非数据错误。

截至2021年底，中国企业对共建"一带一路"国家农业投资存量140.21亿美元，占对外农业投资总存量的51.71%。其中，在亚洲的投资存量为90.27亿美元，占64.38%；大洋洲为17.15亿美元，占12.23%；非洲16.66亿美元，占11.88%；欧洲10.68亿美元，占7.62%；南美洲3.57亿美元，占2.55%；北美洲1.88亿美元，占1.34%（表2-11）。

表2-11　2021年中国在共建"一带一路"国家农业投资存量区域分布情况

区域	投资存量（亿美元）	占比（%）
亚洲	90.27	64.38
大洋洲	17.15	12.23
非洲	16.66	11.88
欧洲	10.68	7.62
南美洲	3.57	2.55
北美洲	1.88	1.34
总计	140.21	100.00

（二）国别分布情况

缅甸是中国在共建"一带一路"设立境外农业企业数量最多的国家，共计101家；其次是老挝，为91家；在俄罗斯、印度尼西亚、柬埔寨、越南及泰国等投资设立的企业数量均超过30家。企业数量排名靠前的国家都在中国周边。

中国企业在共建"一带一路"国家农业投资较为集中。在新西兰、印度尼西亚、老挝等10个国家的投资流量共9.05亿美元，占共建"一带一路"国家投资总流量的92.35%。在印度尼西亚、老挝、新西兰等10个国家的投资存量为105.84亿美元，占共建"一带一路"国家投资总存量的75.49%。其他数据详见表2-12。

表2-12　2021年中国在"一带一路"重点国家的农业投资情况

国家	投资流量（亿美元）	国家	投资存量（亿美元）	国家	企业数量（家）
新西兰	2.61	印度尼西亚	22.62	缅甸	101
印度尼西亚	2.13	老挝	22.59	老挝	91
老挝	1.05	新西兰	15.75	俄罗斯	80
缅甸	0.88	新加坡	11.53	印度尼西亚	62
新加坡	0.86	缅甸	9.09	柬埔寨	53
泰国	0.53	泰国	7.00	越南	42
俄罗斯	0.38	柬埔寨	5.61	泰国	32
塔吉克斯坦	0.25	俄罗斯	4.76	马来西亚	25
越南	0.24	越南	4.16	新西兰	24
柬埔寨	0.12	毛里塔尼亚	2.73	韩国	23

（三）产业情况

中国企业在共建"一带一路"国家的农业投资涵盖农、林、牧、渔等行业，涉及生产、加工、仓储、物流、科研及品牌等环节。在产业分布方面，涉及种植业的企业390家，占44.93%；涉及畜牧业的49家，占5.65%；涉及林业的28家，占3.23%；涉及渔业的127家，占14.63%；涉及农资产业的57家，占6.57%；涉及其他产业217家，占25.00%。种植业企业投资流量3.86亿美元，占39.39%；畜牧业3.76亿美元，占38.37%；林业0.29亿美元，占2.99%；其他产业1.74亿美元，占17.6%。总体来看，种植业仍是重点产业。其他数据详见表2-13。

表2-13　2021年中国在共建"一带一路"国家农业对外投资产业分布情况

产业类别	投资流量（亿美元）	占比（%）	投资存量（亿美元）	占比（%）	企业数量（家）	占比（%）
种植业	3.86	39.39	59.06	42.12	390	44.93
畜牧业	3.76	38.37	16.63	11.86	49	5.65

（续）

产业类别	投资流量（亿美元）	占比（%）	投资存量（亿美元）	占比（%）	企业数量（家）	占比（%）
林业	0.29	2.99	16.69	11.90	28	3.23
渔业	0.10	1.02	11.69	8.34	127	14.63
农资产业	0.05	0.51	2.81	2.00	57	6.57
其他	1.74	17.76	33.32	23.76	217	25.00
总计	9.80	100.00	140.21	100.00	868	100.00

四、在东盟国家主要经济合作组织的农业投资情况

东盟、金砖国家、上海合作组织和亚太经济合作组织是中国农业对外投资的区域性政府间国际组织及主要经济合作组织。2021年，中国对东盟和上海合作组织的农业投资流量小幅下降，对金砖国家和亚太经济合作组织的农业投资流量均呈上升趋势。

（一）中国在东盟国家农业投资情况

2021年，中国在东盟国家[1]的农业投资流量为5.85亿美元，同比下降17.61%，占中国农业对外投资流量总额的35.20%。其中，种植业（粮食作物）0.46亿美元，占7.86%；种植业（经济作物）2.71亿美元，占46.32%；畜牧业1.48亿美元，占25.30%；林业0.08亿美元，占1.37%；渔业0.01亿美元，占0.17%；农资产业0.02亿美元，占0.34%；其他产业1.09亿美元，占18.63%。

截至2021年底，中国在东盟国家的农业投资存量为84.69亿美元，占中国农业对外投资存量总额的31.23%。其中，种植业（粮食作物）4.78亿美元，占5.64%；种植业（经济作物）36.47亿美元，占43.06%；畜牧业5.75亿美元，占6.79%；林业15.03亿美元，占17.75%；渔业2.91亿美元，占3.44%；农资产业2.13亿美元，占2.52%；其他产业17.62亿美元，占20.81%。

截至2021年底，中国在东盟国家投资设立农业企业共437家，占境外农业企业总数的39.02%，较2020年新增14家。其中，涉及种植业（粮食作物）的企业84家，占19.22%；涉及种植业（经济作物）的企业139家，占31.81%；涉及畜牧业企业的26家，占5.95%；涉及林业企业的7家，占1.60%；涉及渔业企业的37家，占8.47%；涉及农资产业企业的37家，占8.47%；涉及其他产业的107家，占24.49%（表2-14）。

---

① 东盟国家包括文莱、柬埔寨、印度尼西亚、老挝、马来西亚、缅甸、菲律宾、新加坡、泰国、越南10国。

表2-14　2021年中国在东盟国家农业投资产业分布情况

涉及产业类别	投资流量（亿美元）		占比（%）	投资存量（亿美元）		占比（%）	企业数量（家）		占比（%）
种植业	粮食作物：0.46		7.86	粮食作物：4.78		5.64	粮食作物：84		19.22
	经济作物：2.71		46.32	经济作物：36.47		43.06	经济作物：139		31.81
畜牧业	1.48		25.30	5.75		6.79	26		5.95
林业	0.08		1.37	15.03		17.75	7		1.60
渔业	0.01		0.17	2.91		3.44	37		8.47
农资产业	0.02		0.34	2.13		2.52	37		8.47
其他	1.09		18.63	17.62		20.81	107		24.49
总计	5.85		100.00	84.69		100.00	437		100.00

2021年，中国对东盟国家的农业投资企业数排名前三位的国家的分别是缅甸（101家）、老挝（91家）和印度尼西亚（62家）；投资流量排名前三位的国家分别是印度尼西亚（2.13亿美元）、老挝（1.05亿美元）和缅甸（0.88亿美元）；投资存量排名前三位的国家分别是印度尼西亚（22.62亿美元）、老挝（22.59亿美元）和新加坡（11.53亿美元）。其他数据详见表2-15。

表2-15　2021年中国在东盟国家农业投资情况

国家名称	投资流量（亿美元）	投资存量（亿美元）	企业数量（家）
印度尼西亚	2.13	22.62	62
老挝	1.05	22.59	91
缅甸	0.88	9.09	101
新加坡	0.86	11.53	16
泰国	0.53	7.00	32
越南	0.24	4.16	42
柬埔寨	0.12	5.61	53
马来西亚	0.01	1.61	25
菲律宾	0.01	0.35	8
文莱	0.01	0.13	7
总计	5.85	84.69	437

2021年，中国在东盟国家设立的境外企业雇佣当地员工10.95万人，在当地缴纳税金1.54亿美元。

（二）中国在其他金砖国家农业投资情况

2021年，中国对其他金砖国家[1]的农业投资流量为0.459亿美元，同比上升48.39%，占中国农业对外投资流量总额的2.75%。其中，种植业0.245亿美元，占53.38；畜牧业0.002亿美元，占0.44%；农资产业0.002亿美元，占0.44%；其他产业0.210亿美元，占45.75%。

截至2021年底，中国对其他金砖国家的投资存量为19.87亿美元，占中国农业对外投资存量总额的7.33%。其中，种植业15.55亿美元，占78.26%；畜牧业0.48亿美元，占2.42%；林业0.15亿美元，占0.75%；渔业0.01亿美元，占0.05%；农资产业0.55亿美元，占2.77%；其他产业3.13亿美元，占15.75%。

截至2021年底，中国在其他金砖国家投资设立农业企业共103家，较2020年增加21家，占境外企业总数的9.20%。其中，涉及种植业的企业60家，占58.25；涉及畜牧业的企业3家，占2.91%；涉及林业企业的3家，占2.91%；涉及渔业企业的1家，占0.97%；涉及农资产业的8家，占7.77%；涉及其他产业的28家，占27.18%（表2-16）。

表2-16 2021年中国在其他金砖国家农业投资产业分布情况

涉及产业类别	投资流量（亿美元）	占比（%）	投资存量（亿美元）	占比（%）	企业数量（家）	占比（%）
种植业	0.243	53.38	15.55	78.26	60	58.25
畜牧业	0.002	0.44	0.48	2.42	3	2.91
林业	0.000	0.00	0.15	0.75	3	2.91
渔业	0.000	0.00	0.01	0.05	1	0.97
农资产业	0.002	0.44	0.55	2.77	8	7.77
其他	0.210	45.75	3.13	15.75	28	27.18
总计	0.459	100.00[1]	19.87	100.00	103	100.00

注：①因各项投资流量占比的四舍五入导致百分比总计不得100%，非数据错误。

2021年，中国对金砖国家的农业投资主要集中在俄罗斯，投资流量0.38亿美元，占83.71%。中国农业对外投资在金砖国家设立的103家农业企业中，80家在俄罗斯，占比达77.67%。其他数据详见表2-17。

表2-17 2021年中国在其他金砖国家农业投资情况

国家	投资流量（亿美元）	占比（%）	投资存量（亿美元）	占比（%）	企业数量（家）	占比（%）
俄罗斯	0.383	83.62	4.76	23.94	80	77.67

①金砖国家包括巴西、俄罗斯、印度、中国和南非5国。

（续）

国家	投资流量（亿美元）	占比（％）	投资存量（亿美元）	占比（％）	企业数量（家）	占比（％）
巴西	0.073	15.94	13.93	70.13	8	7.77
南非	0.002	0.44	0.56	2.80	5	4.85
印度	0.000	0.00	0.62	3.13	10	9.71
总计	0.458[①]	100.00	19.87	100.00	103	100.00

① 总计与上文中的0.459不一致为分国别上报的原始数据四舍五入导致，并非数据错误。

2021年，中国在金砖国家设立的境外企业雇佣当地员工0.34万人，在当地缴纳税金0.23亿美元。

（三）中国在其他上海合作组织成员国农业投资情况

2021年，中国对其他上海合作组织成员国[①]的农业投资流量为0.72亿美元，同比下降18.03%，占中国农业对外投资流量总额的4.33%。其中，种植业为0.463亿美元，占64.31%；畜牧业为0.010亿美元，占1.67%；渔业为0.004美元，占0.58%；农资产业为0.021亿美元，占2.92%；其他产业为0.220亿美元，占30.55%。

截至2021年底，中国对其他上海合作组织成员国的农业投资存量为9.57亿美元，占中国农业对外投资存量总额的3.53%。其中，种植业5.72亿美元，占59.77%；畜牧业1.23亿美元，占12.85%；林业0.15亿美元，占1.57%；渔业0.02亿美元，占0.21%；农资产业0.26亿美元，占2.72%；其他产业2.20亿美元，占22.99%。

2021年，中国在其他上海合作组织成员国投资成立农业企业共135家，较2020年增加27家，占境外企业总数的12.05%。其中，涉及种植业的企业81家，占60.00%；涉及畜牧业的6家，占4.44%；涉及林业的3家，占2.22%；涉及渔业的3家，占2.22%；涉及农资产业的9家，占6.67%；涉及其他产业的33家，占24.44%。其他数据详见表2-18。

表2-18 2021年中国在其他上海合作组织成员国农业投资产业分布情况

涉及产业类别	投资流量（亿美元）	占比（％）	投资存量（亿美元）	占比（％）	企业数量（家）	占比（％）
种植业	0.463	64.31	5.72	59.77	81	60.00
畜牧业	0.012	1.67	1.23	12.85	6	4.44

① 上海合作组织成员国包括哈萨克斯坦、中国、吉尔吉斯斯坦、俄罗斯、塔吉克斯坦、乌兹别克斯坦、巴基斯坦、印度8国。

（续）

涉及产业类别	投资流量（亿美元）	占比（%）	投资存量（亿美元）	占比（%）	企业数量（家）	占比（%）
林业	0.000	0.00	0.15	1.57	3	2.22
渔业	0.004	0.55	0.02	0.21	3	2.22
农资产业	0.021	2.92	0.26	2.72	9	6.67
其他	0.220	30.56	2.20	22.99	33	24.44
总计	0.720	100.01	9.57	100.00	135	100.00

2021年，中国对其他上海合作组织成员国的新增农业投资主要投向俄罗斯（0.383亿美元）、塔吉克斯坦（0.249亿美元）和乌兹别克斯坦（0.045亿美元）。截至2021年底，中国对其他上海合作组织成员国投资存量排名前三位的是俄罗斯（4.76亿美元）、塔吉克斯坦（1.90亿美元）和吉尔吉斯斯坦（0.73亿美元）；企业数量排名前三位的国家分别是俄罗斯（80家）、哈萨克斯坦（17家）和乌兹别克斯坦（13家）。其他数据详见表2-19。

表2-19　2021年中国在其他上海合作组织成员国农业投资情况

国家名称	投资流量（亿美元）	占比（%）	投资存量（亿美元）	占比（%）	企业数量（家）	占比（%）
俄罗斯	0.383	53.19	4.76	49.79	80	59.26
塔吉克斯坦	0.249	34.64	1.90	19.87	3	2.22
乌兹别克斯坦	0.045	6.19	0.70	7.32	13	9.63
巴基斯坦	0.030	4.23	0.23	2.41	9	6.67
哈萨克斯坦	0.008	1.12	0.62	6.49	17	12.59
吉尔吉斯斯坦	0.000[①]	0.63	0.73	7.64	3	2.22
印度	0.000	0.00	0.62	6.49	10	7.41
总计	0.715[②]	100.00	9.56[③]	100.01	135	100.00

注：①吉尔吉斯斯坦2021年投资流量为45万美元，因表格单位为亿美元，故无法在本表内体现。
②③与表2-18总计数不同为统计方式不同及原始数据四舍五入导致，非数据错误。

2021年，中国在其他上海合作组织成员国设立的境外企业雇佣当地员工0.76万人，在当地缴纳税金0.38亿美元。

（四）中国对其他亚太经济合作组织成员的农业投资情况

2021年，中国对其他亚太经济合作组织成员[①]的农业投资流量为7.40亿美元，同比上升37.29%，占中国农业境外投资流量总额的44.54%。其中，种植业1.77亿美元，占23.92；畜牧业3.95亿美元，占53.38%；林业0.24亿美元，占3.24%；渔业0.01亿美元，占0.14%；农资产业0.02亿美元，占0.27%；其他产业1.41亿美元，占19.05%。

截至2021年底，中国对其他亚太经济合作组织成员的农业投资存量为98.47亿美元，占中国农业境外投资存量总额的36.32%。其中，种植业36.62亿美元，占37.19%；畜牧业20.53亿美元，占20.85%；林业1.46亿美元，占1.48%；渔业3.74亿美元，占3.80%；农资产业2.67亿美元，占2.71%；其他产业33.45亿美元，占33.97%。

截至2021年底，中国对其他亚太经济合作组织成员投资共设立了497家农业企业，较2020年增加74家，占境外企业总数的44.38%。其中，涉及种植业的企业有160家，占32.19%；涉及畜牧业的企业有62家，占12.47%；涉及林业的企业有16家，占3.22%；涉及渔业的企业有50家，占10.06%；涉及农资产业的企业有34家，占6.84%；涉及其他产业的企业有175家，占35.21%。其他数据详见表2-20。

表2-20　2021年中国对其他亚太经济合作组织成员的农业投资产业分布情况

产业类别	投资流量（亿美元）	占比（%）	投资存量（亿美元）	占比（%）	企业数量（家）	占比（%）
种植业	1.77	23.92	36.62	37.19	160	32.19
畜牧业	3.95	53.38	20.53	20.85	62	12.47
林业	0.24	3.24	1.46	1.48	16	3.22
渔业	0.01	0.14	3.74	3.80	50	10.06
农资产业	0.02	0.27	2.67	2.71	34	6.84
其他	1.41	19.05	33.45	33.97	175	35.21
总计	7.40	100.00	98.47	100.00	497	100.00

注：总计百分比因分项占比四舍五入原因，呈现不足100%的结果，非数据错误。

2021年，中国对亚太经济合作组织成员的农业投资流量主要投向新西兰（2.61亿美元）、印度尼西亚（2.13亿美元）和新加坡（0.86亿美元）。截至2021年底，中国对亚太经济合作组织成员投

①　亚太经济合作组织现有21个成员，分别是澳大利亚、文莱、加拿大、智利、中国、印度尼西亚、日本、韩国、墨西哥、马来西亚、新西兰、巴布亚新几内亚、秘鲁、菲律宾、俄罗斯、新加坡、泰国、美国和越南，以及中国香港、中国台北。

资存量排名前三位的是印度尼西亚（**22.62**亿美元）、澳大利亚（**19.88**亿美元）和新西兰（**15.75**亿美元）；企业数量排名前三位的国家分别是俄罗斯（**80**家）、印度尼西亚（**62**家）和美国（**54**家）。数据详见表**2-21**。

表2-21　2021年中国对其他亚太经济合作组织主要成员农业投资情况

国家（地区）名称	投资流量（亿美元）	占比（%）	投资存量（亿美元）	占比（%）	企业数量（家）	占比（%）
新西兰	2.61	35.27	15.75	15.99	24	4.83
印度尼西亚	2.13	28.78	22.62	22.97	62	12.47
新加坡	0.86	11.62	11.53	11.71	16	3.22
泰国	0.53	7.16	7.00	7.11	32	6.44
俄罗斯	0.38	5.14	4.76	4.83	80	16.10
澳大利亚	0.34	4.59	19.88	20.19	48	9.66
越南	0.24	3.24	4.16	4.22	42	8.45
中国香港	0.09	1.22	5.17	5.25	37	7.44
加拿大	0.08	1.08	1.16	1.18	12	2.41
美国	0.05	0.68	2.30	2.34	54	10.87
秘鲁	0.03	0.41	0.15	0.15	1	0.20
马来西亚	0.01	0.14	1.61	1.64	25	5.03
巴布亚新几内亚	0.01	0.14	0.21	0.22	3	0.60
菲律宾	0.01	0.14	0.35	0.36	8	1.61
文莱	0.01	0.14	0.13	0.13	7	1.41
韩国	0.00[①]	0.05	0.23	0.23	23	4.63
日本	0.00[②]	0.05	0.24	0.24	15	3.02
智利	0.00[③]	0.05	1.21	1.23	6	1.21
中国台北	0.00	0.00	0.01	0.01	2	0.40
总计	7.40	100.00	98.47	100.00	497	100.00

注：①对韩国投资流量为39万美元，②对日本投资流量为35万美元，③对智利投资流量为34万美元，表格单位为亿美元，故无法在表内体现。

2021年，中国在亚太经济合作组织成员设立的境外企业雇佣当地员工**6.08**万人，在当地缴纳税金**2.29**亿美元。

第 三 章

2021年国内对外
农业投资情况

近年来，地方部门和中央企业等发挥自身优势，积极参与对外农业投资工作，取得显著的成效，积累了不少好的经验做法。本章主要梳理全国31个省（自治区、直辖市）和涉农央企开展对外农业投资的情况，并就部分省份对外农业投资情况做简要介绍。

一、各省（自治区、直辖市）总体情况

（一）投资规模

2021年，中国农业对外投资流量为16.62亿美元，主要来自上海市、内蒙古自治区、北京市、云南省、四川省、天津市、河南省、广东省、山东省、河北省、福建省、黑龙江省。其中，上海市对外投资流量最高，达4.02亿美元，占24.19%；其次是内蒙古自治区，投资流量3.79亿美元，占22.80%。其他数据详见表3-1。

表3-1　2021年主要省（自治区、直辖市）农业对外投资流量情况

地区	投资流量（亿美元）	百分比（%）	地区	投资流量（亿美元）	百分比（%）
上海市	4.02	24.19	河南省	0.26	1.59
内蒙古自治区	3.79	22.80	广东省	0.25	1.50
北京市	2.81	16.91	山东省	0.23	1.36
云南省	1.80	10.80	河北省	0.20	1.22
四川省	1.14	6.86	福建省	0.18	1.09
天津市	0.95	5.74	黑龙江省	0.18	1.05

截至2021年底，中国农业对外投资存量为271.15亿美元，主要来自东南沿海省份及中西部农业资源丰富的省份。其中，北京市78.92亿美元，占29.11%；上海市38.95亿美元，占14.36%；山东省25.43亿美元，占9.38%；云南省15.02亿美元，占5.54%；湖南省14.19亿美元，占5.23%。其他数据详见表3-2。

表3-2　2021年主要省（自治区、直辖市）农业对外投资存量情况

地区	投资存量（亿美元）	占比（%）	地区	投资存量（亿美元）	占比（%）
北京市	78.92	29.11	天津市	11.93	4.40
上海市	38.95	14.36	四川省	11.86	4.39

（续）

地区	投资存量 （亿美元）	占比（%）	地区	投资存量 （亿美元）	占比（%）
山东省	25.43	9.38	广东省	10.57	3.90
云南省	15.02	5.54	江苏省	7.44	2.73
湖南省	14.19	5.23	福建省	5.96	2.20
内蒙古自治区	13.36	4.93	黑龙江省	4.91	1.81

（二）企业数量

截至2021年底，中国在境外投资设立农业企业1 120家，其境内投资企业主要分布于华南、华北、华东地区。其中，云南省166家[①]，占14.82%；山东省100家，占8.93%；广东省95家，占8.48%；四川省74家，占6.61%；江苏省76家，占6.79%；北京市65家，占5.80%。其他数据详见表3-3。

表3-3　2021年中国农业对外投资企业的主要地区分布情况

地区	企业数量（家）	占比（%）	地区	企业数量（家）	占比（%）
云南省	166	14.82	福建省	55	4.91
山东省	100	8.93	黑龙江省	52	4.64
广东省	95	8.48	上海市	39	3.48
江苏省	76	6.79	浙江省	36	3.21
四川省	74	6.61	江西省	32	2.86
北京市	65	5.80	湖南省	32	2.86

（三）产业分布

截至2021年底，中国在境外投资成立的1 120家农业企业中，种植业共459家，各省（自治区、直辖市）中排名前三位的分别是云南省（129家）、黑龙江省（43家）和山东省（36家）；畜牧业共93家，企业数量排名前三位分别是北京市（13家）、广东省（9家）、云南省、上海市和内蒙古自治区（各8家）；林业共32家，排名前三位分别是江苏省（11家）、北京市和山东省（各4家）、广东

---

① 云南省与缅甸、老挝接壤，拥有25个口岸、4 000余公里的边境线，具有地缘优势，自古就有在缅甸、老挝投资的传统。因此，云南省"走出去"企业数量最多。

省、河北省、福建省和浙江省（各2家）；渔业共149家，排名前三位分别是广东省（31家）、山东省（25家）、福建省（21家）；农资产业共69家，排名前三位分别是江苏省（17家）、山东省和江西省（各10家）、福建省（6家）；其他产业共318家，主要来自四川省（63家）、云南省（25家）、江苏省（24家），见表3-4。

表3-4　2021年各省（自治区、直辖市）农业对外投资境外企业产业分布情况

地区	种植业	畜牧业	林业	渔业	农资产业	其他	总计
云南省	129	8	1	0	3	25	166
山东省	36	7	4	25	10	18	100
广东省	30	9	2	31	0	23	95
江苏省	19	0	11	5	17	24	76
四川省	5	3	0	0	3	63	74
北京市	27	13	4	16	1	4	65
福建省	13	5	2	21	6	8	55
黑龙江省	43	1	0	0	2	6	52
上海市	4	8	1	8	2	16	39
浙江省	4	5	2	16	0	9	36
江西省	6	1	0	0	10	15	32
辽宁省	7	5	0	18	0	2	32
湖南省	22	1	0	1	0	8	32
河北省	15	5	2	0	1	8	31
广西壮族自治区	15	0	1	6	2	6	30
湖北省	18	5	0	0	3	4	30
安徽省	14	1	0	0	2	8	25
内蒙古自治区	3	8	1	0	0	13	25
河南省	10	3	0	0	2	7	22
天津市	11	1	0	1	0	5	18
新疆维吾尔自治区	12	1	0	1	0	2	16
重庆市	1	0	0	0	2	13	16
甘肃省	0	0	0	0	0	11	11
山西省	4	0	0	0	0	6	10

（续）

地区	种植业	畜牧业	林业	渔业	农资产业	其他	总计
海南省	4	0	0	0	0	5	9
吉林省	0	0	1	0	2	5	8
陕西省	3	0	0	0	0	3	6
贵州省	2	0	0	0	0	1	3
西藏自治区	1	1	0	0	1	0	3
宁夏回族自治区	0	2	0	0	0	0	2
青海省	1	0	0	0	0	0	1
合计	459	93	32	149	69	318	1 120

注：数据按各省（自治区、直辖市）农业对外投资境外企业各产业总数由大到小排列。

（四）企业类型

截至2021年底，中国企业在境外共投资设立子公司697家，各省（自治区、直辖市）排名前三位的分别是云南省（71家）、广东省和山东省（67家）、四川省（63家）；联营公司共167家，排名前三位分别是云南省（25家）、辽宁省（19家）和广东省（17家）；分支机构共62家，排名前三位分别是云南省（16家）、北京市（14家）和山东省（5家）。其他详细数据见表3-5。

表3-5　各省（自治区、直辖市）农业对外投资企业的设立类型情况

单位：家

地区	子公司	联营公司	分支机构	其他	总计
云南省	71	25	16	54	166
山东省	67	8	5	20	100
广东省	67	17	2	9	95
江苏省	55	8	1	12	76
四川省	63	4	4	2	74
北京市	46	2	14	3	65
福建省	34	13	0	8	55
黑龙江省	26	4	0	22	52
上海市	33	5	0	1	39
浙江省	20	5	0	11	36

（续）

地区	子公司	联营公司	分支机构	其他	总计
江西省	26	2	1	3	32
辽宁省	12	19	1	0	32
湖南省	21	3	0	8	32
河北省	17	7	0	7	31
广西壮族自治区	18	3	4	5	30
湖北省	18	12	0	0	30
安徽省	14	6	3	2	25
内蒙古自治区	15	4	0	6	25
河南省	12	3	1	6	22
天津市	12	5	1	0	18
新疆维吾尔自治区	6	4	1	5	16
重庆市	10	2	2	2	16
甘肃省	4	2	1	4	11
山西省	6	0	3	1	10
海南省	7	0	0	2	9
吉林省	7	1	0	0	8
陕西省	4	1	0	1	6
贵州省	2	0	1	0	3
西藏自治区	2	0	1	0	3
宁夏回族自治区	1	1	0	0	2
青海省	0	1	0	0	1
合计	697	167	62	194	1 120

注：数据按各省（自治区、直辖市）农业对外投资境外企业各设立类型合计由大到小排列。

共有810家境内企业开展农业对外投资，其中，有限责任公司547家，各省（自治区、直辖市）排名前三位的分别是云南省（110家）、江苏省（49家）和山东省（45家）；股份有限公司105家，排名前三位分别是广东省（13家）、山东省（12家）和四川省（10家）；私营企业90家，其中云南省24家、山东省11家、浙江省9家；股份合作企业6家，其中广东省、新疆维吾尔自治区、河北省、湖南省、安徽省、湖北省各1家；国有企业39家，其中上海市9家、北京市7家、云南省5家；

集体企业1家，外商投资企业9家，港澳台商投资企业4家，其他企业9家（表3-6）。

表3-6 各省（自治区、直辖市）农业对外投资境内企业的注册类别情况

单位：家

地区	有限责任公司	股份有限公司	私营企业	国有企业	股份合作企业	港澳台商投资企业	集体企业	外商投资企业	其他企业	总计
云南省	110	4	24	5	0	0	1	0	0	144
江苏省	49	8	5	2	0	0	0	3	0	67
山东省	45	12	11	1	0	0	0	1	0	70
广东省	43	13	4	3	1	2	0	0	1	67
福建省	34	4	4	0	0	0	0	1	0	43
黑龙江省	33	1	5	2	0	0	0	0	1	42
湖北省	19	2	0	0	1	0	0	0	0	22
广西壮族自治区	16	5	2	2	0	0	0	1	0	26
安徽省	15	4	0	1	1	0	0	0	0	21
北京市	15	5	1	7	0	0	0	0	0	28
江西省	14	3	3	1	0	0	0	1	0	22
河南省	13	4	1	0	0	0	0	0	0	18
辽宁省	13	3	1	0	0	0	0	0	0	17
河北省	12	6	5	0	1	0	0	0	3	27
内蒙古自治区	12	3	0	0	0	0	0	0	0	15
上海市	12	2	2	9	0	0	0	0	1	26
浙江省	11	4	9	0	0	2	0	0	0	26
湖南省	10	6	3	0	1	0	0	0	1	21
四川省	10	10	1	1	0	0	0	1	0	23
新疆维吾尔自治区	9	1	3	2	1	0	0	0	0	16
甘肃省	8	1	0	0	0	0	0	0	2	11
吉林省	8	0	0	0	0	0	0	0	0	8
天津市	8	0	0	1	0	0	0	1	0	10
重庆市	8	1	1	0	0	0	0	0	0	10

（续）

地区	有限责任公司	股份有限公司	私营企业	国有企业	股份合作企业	港澳台商投资企业	集体企业	外商投资企业	其他企业	总计
山西省	6	0	3	0	0	0	0	0	0	9
陕西省	5	1	0	0	0	0	0	0	0	6
海南省	3	1	1	2	0	0	0	0	0	7
宁夏回族自治区	2	0	0	0	0	0	0	0	0	2
西藏自治区	2	0	1	0	0	0	0	0	0	3
贵州省	1	1	0	0	0	0	0	0	0	2
青海省	1	0	0	0	0	0	0	0	0	1
总计	547	105	90	39	6	4	1	9	9	810

二、部分省（直辖市）对外农业投资情况

选取上海市、江苏省、安徽省、云南省4个省（直辖市）作为2021年地方对外农业投资情况的典型案例。其中，上海市和江苏省位于东部，分别为大型企业注册地和沿海省；安徽省位于中部，为农业大省；云南省位于西南部，为沿边省份。

（一）上海市对外农业投资情况

2021年，上海市以构建都市现代绿色农业为目标，按照对标国际最高标准、最好水平的要求，始终坚持稳存量、扩流量、提质量，推动农业对外合作各项工作取得良好成效。

1.基本情况 2021年，上海市对外农业投资流量总额为4.02亿美元，投资存量总额为38.95亿美元，投资覆盖全球21个国家和地区，共在境外设立农业企业39家。

从投资主体看，2021年上海市非央企对外农业投资流量为0.23亿美元，央企对外农业投资流量为3.79亿美元。从区域分布看，在大洋洲新增投资0.10亿美元，分布在澳大利亚和新西兰；非洲0.01亿美元，分布在坦桑尼亚；欧洲2.20亿美元，分布在瑞士和西班牙；亚洲1.71亿美元，分布在以色列和中国香港。从产业分布看，农资产业投资流量为3.79亿美元，种植业0.09亿美元，畜牧业0.01亿美元，林业0.01亿美元，渔业0.06亿美元，其他产业0.05亿美元。

2.主要成效

（1）市场主体活力充分迸发。充分发挥企业市场主体活力，通过"投资＋并购型"、核心技术支撑型、"智慧农业＋智能装备输出型"等多种模式持续开展境外农业投资，深度融入全球产业链、

供应链及价值链。例如，上海光明集团围绕食品及农副产品加工业，陆续并购新西兰新莱特、澳大利亚品牌食品分销商玛纳森公司、英国早餐麦片的维多麦公司、法国品牌葡萄酒经销商 DIVA 波尔多公司、意大利橄榄油 Salov 公司、中国香港万安公司、以色列最大的食品乳品企业特鲁瓦公司、西班牙米盖尔公司等，贯通"从田头到餐桌"的食品全产业链；上海布鲁威尔食品有限公司从荷兰收购 1 600 余支冻精纯种奶绵羊基因资源，于 2016 年繁育出具有完全自主知识产权的优质奶绵羊品种"南十字星"，并在此基础上拓展了核心种群商品代养殖，近几年在新西兰建成了近 2 万亩的自有育种基因中心牧场和 21 家（共 17 万亩）的加盟养殖牧场，现拥有种羊 1.6 万多只、加盟商品羊 2.5 万多只；上海华维节水科技集团股份有限公司在埃及当地建立了高水平的农业智慧基地，培训当地智慧灌溉管理和技术人才，为当地智慧灌溉农业发展提供人才储备和智力支持。

（2）境外展团组织带动辐射作用凸显。连续多年组织上海代表团参加国际知名农业（食品）博览会，学习借鉴国际先进国家的农业、农产品及产加销的理念技术，集中展示上海都市现代农业发展成果，并帮助上海农业企业打开海外市场，进一步推动实施农业"走出去"战略。新冠肺炎疫情发生以来，举办或参加各类线上农产品展示展销专场活动。其中，作为全球第四大展会主办集团——法国高美艾博展览集团自有品牌，SIAL 国际食品展于 1964 年在法国巴黎创办，2000 年引入中国，此后每年举办一次。经过 22 年在华深耕，SIAL 国际食品展（上海）共计吸引了 70 多个国家和地区近 4 万家参展商参展，100 多个国家和地区、超过 100 万专业人士参观，已成长为"SIAL 世界三大食品展之一"，是世界食品贸易交流的大平台。

（3）进博会溢出带动效应显著。自首届中国国际进口博览会（简称进博会）在上海成功举办以来，上海市农业农村委配合农业农村部，做好与多国农业部长或其他部长级官员的多双边活动安排；组织举办了中意、中匈等农产品合作论坛，加深了与多国在农产品贸易和农业技术等方面的互动交流；组织光明食品集团、大康牧业、布鲁威尔等优秀农业和食品企业参展，取得了很好的展览成效和溢出效应。如作为首批通关贸易便利化、"验放"分离和"边检边放"的创新监管模式试点企业之一，上海鹏欣集团所属新西兰纽仕兰乳业，通过进博会开放平台，带来了贸易升级的"进博速度"，鲜奶从新西兰牧场到达中国餐桌最快只需 72 小时。

3. 做法经验

（1）创新政策机制，全面提升政府服务效能。完善农业对外合作工作机制，通过上海农业对外合作工作联席会议制度，为上海市企业农业"走出去"提供决策依据，推动上海市对外农业投资合作高质量发展。通过各职能部门联手的"组合拳"，共同研究制定相关政策措施，持续推进上海"走出去"重点项目，为农业"走出去"提供强有力的政策保障。借助上海市商务委、贸促会的"走出去"服务港、上海市企业"走出去"综合服务平台等，为农业"走出去"企业提供公共服务。

（2）拓展营销渠道，积极宣传农业对外合作。创新对外宣传方式，充分运用传统媒体和互联网新媒体平台，主动阐述优势互补、互利共赢、共同发展的合作理念，为农业对外合作营造良好的社会氛围和舆论环境。充分利用"上海三农"微信公众号、微博等自媒体，深度挖掘上海农业企业

"走出去"的成功案例，扩大上海农业对外合作工作的影响力；积极与中央电视台"致富经""聚焦三农"等电视栏目进行联动，关注上海农业"走出去"企业成功经验，为更多具备"走出去"意向的企业提供"源头活水"。

（3）推进深度融合，充分发挥科研机构作用。上海市农业科学院、中国农业科学院上海兽医研究所、中国水产科学研究院东海水产研究所、中国水产科学研究院渔业机械仪器研究所、上海海洋大学等科研机构，在上海市对外农业合作工作推进中，尤其是农业科技合作、人才交流、重点项目落地等方面发挥了积极作用。2020年9月，在上海市农科院成立"中越农业科学国际联合实验室"，与越南南部农业科学研究所共同开展农作物种质资源研究和利用、农作物分子遗传标记的开发及分子育种技术和农作物营养强化等多方面农业科学研究。

（二）江苏省对外农业投资情况

江苏省作为农业大省、开放型经济大省，2021年，农业对外投资存量在全国排第十。江苏省民营经济活跃，企业积极利用两种资源、两个市场推进国内外产业有机对接，促进省内产业升级。江苏省产学研政多方力量结合，开展精准服务，助力企业行稳致远。

1.基本情况　江苏省对外农业投资流量总额为1 100万美元，投资存量总额为7.44亿美元，投资覆盖全球38个国家和地区，共在境外设立农业企业76家。

从投资主体看，2021年非央企投资流量为1 100万美元，占江苏省对外农业投资流量的全部。从区域分布看，在亚洲新增投资700万美元，分布在印度尼西亚和泰国；非洲200万美元，分布在安哥拉和肯尼亚；大洋洲100万美元，分布在澳大利亚；北美洲10万美元，分布在美国。从产业分布看，林业投资流量500万美元，种植业300万美元，农资产业100万美元，其他200万美元。

2.主要成效

（1）投资规模快速增长。"十三五"期间，江苏省企业在境外投资的农业项目数年均增长超过10%。对外投资额超亿美元的企业1家；超千万美元的企业23家，比"十二五"收官时增加53.3%。苏南、苏中、苏北农业"走出去"项目分别占全省农业走出去项目数的47.6%、28.6%和23.8%，苏南"走出去"项目数领跑全省。

（2）投资能力不断提升。江苏省农业企业在境外的生产经营方式逐渐从单纯的种养业向初加工与精深加工延伸，通过投资收购、设立境外园区方式，逐渐向全产业链布局转变。以江苏海企技术工程股份有限公司为主体在坦桑尼亚西北部棉花产区新阳嘎省投资建设的江苏-新阳嘎农工贸现代产业园，发展了棉花种植、棉纺加工、棉籽榨油、物流运输等全产业链，年所用棉花约占坦桑尼亚棉花年产量12%，有效促进了国际产能合作。

（3）社会效应持续扩大。江苏省农业企业"走出去"，为东道国带去投资，促进当地经济社会发展，推动了与东道国的交流合作，深受东道国政府和农民欢迎。2021年，江苏省在38个国家和地区投资的农业项目，实现农业产业营业收入1.97亿美元，直接雇佣外方员工2 272人，发放工资

823.88万美元。

（4）产学研结合成效凸显。自2014年起，江苏省农业农村厅与南京农业大学共同开展企业对外投资信息采集工作。江苏省农业农村厅每年与省商务厅、税务部门举办农业"走出去"培训会，会上发放政策汇编，邀请有关部门和重点企业进行交流；南京农业大学积极开展专题研究，并结合国际商务硕士、留学生培养，开展国别研究和典型案例分析，加深对东道国的了解，为企业提供"一对一"服务。同时，江苏省积极发挥全国首批农业对外合作科技支撑与人才培训基地——江苏联合体的作用，通过招收留学生，为农业"走出去"重点国家培训农业人才；针对农业"走出去"企业需求，组织开展专门培训，派出专业教师赴境外执行农业培训任务。

3. 做法经验

（1）突出规划引领作用，加强财政支持力度。《江苏省"十四五"开放型农业发展规划》将农业"走出去"作为重点领域，围绕农业"走出去"提出发展目标，明确"实现农业企业（走出去）跨国经营新进展"的发展任务，实施农业对外合作"两区"建设工程。江苏省政府出台《关于加快推进开放型农业发展的意见》，在财政支持、税费优惠、金融信贷、人才培养等方面对开放型农业发展予以支持。江苏省农业农村厅与财政厅联合下发《关于印发2022年省级现代农业发展等专项实施意见的通知》，支持农业跨境合作，鼓励建设境外农业合作示范区、生产加工物流基地和农业对外开放合作试验区等，鼓励企业在境外投资农业，开展农产品境外营销、注册认证。

（2）多方发力凝聚合力，提升风险防控水平。面对新冠肺炎疫情和复杂的国际环境，对外农业投资企业不断提高投资风险防控意识，建立健全风险应对预案，并积极打造有效的信息采集、分析和共享渠道，全面提高对各类政策信息及市场变化信息的获取和合理利用能力。江苏省相关部门推进境外农业投资信息共享和大数据应用服务平台建设，及时发布各类风险提示，提供相关动态信息，并持续强化政策引导机制，切实提高企业风险防控能力。

（3）积极探索平台建设，助力企业行稳致远。围绕农业双向开放，积极探索农业对外合作"两区"建设，为企业"走出去"搭建境外、境内两类平台。其中，境外农业合作示范区为江苏－新阳嘎农工贸现代产业园，农业对外开放合作试验区为连云港农业对外开放合作试验区。2021年，围绕农业国际投资与贸易合作主题，成功举办了第二十三届江苏农业国际合作洽谈会。截至2021年11月初，共签约农业合作项目43个。其中，外商投资项目25个，协议外资2.72亿美元；技术合作项目10个，协议金额1.38亿美元；"走出去"项目3个，中方投资2 060万美元，贸易合作项目5个，协议金额1.37亿美元。

（4）深入走访调研，精准服务赋能企业发展。为进一步了解企业农业"走出去"存在的问题，助力江苏省涉农企业更好地"走出去"，江苏省每年都会派遣专家和相关研究人员开展走访调研，深入各市农业企业生产一线，听取境内外企业发展情况，详细了解企业在项目建设、生产经营、对外投资等方面存在的主要困难和问题，并提供建议。此外，江苏省每年都会开展企业农业"走出去"培训活动，积极鼓励各市农业企业参与，以会议的方式，总结在"走出去"过程中企业遭遇的共性问题及其他"疑难杂症"，统一给出行之有效的政策建议，打通服务企业的"最后一公里"。

（三）安徽省对外农业投资情况

安徽省作为中部地区农业大省，政府通过搭建平台，推动企业间合作，引导大企业带动小企业抱团出海，积极利用援外项目带动投资发展，通过农业对外投资带动省内企业产业升级、产品出口。

1.基本情况 2021年，安徽省对外农业投资流量总额为1 700万美元，投资存量总额为2.76亿美元，投资覆盖全球19个国家和地区，共在境外设立农业企业25家。

从投资主体看，2021年非央企投资流量为1 700万美元，占安徽省对外投资流量的全部。从区域分布看，在南美洲新增投资700万美元，分布在巴西；非洲600万美元，分布在尼日利亚、津巴布韦和安哥拉；亚洲200万美元，分布在泰国、孟加拉国、巴基斯坦和印度尼西亚；北美洲200万美元，分布在美国。从产业分布看，种植业投资流量1 000万美元，其他产业700万美元。

2.主要成效

（1）平台带动企业抱团出海。发挥安徽农垦集团牵头成立的皖企赴津巴布韦开发联盟、安徽江淮园艺种业有限公司牵头组建的中拉农业联合研究中心等合作平台作用，积极打造位于津巴布韦、哥斯达黎加的两个境外农业合作示范区。依托现代农业示范区、农业产业化示范区、出口食品农产品质量安全示范区等平台，引导境外企业和安徽省"走出去"企业入园发展，强化农业对外开放合作试验区培育。

（2）投资布局多点开花。安徽农业对外投资企业在全球四大洲19个国家均有投资。在非洲7个国家，以安徽农垦集团、安徽燕庄油脂公司、安粮实业有限公司等企业为骨干，从事粮食和经济作物种植、农产品贸易，带动安徽省农机、农资、农用建筑等上下游产业"走出去"；在欧美6个国家，以安徽龙华竹业有限公司、安徽富煌三珍食品集团有限公司、安徽山里仁食品股份有限公司等企业为骨干，从事农产品国际贸易和国际品牌创建；在南美3个国家，以安徽丰原集团有限公司、安徽江淮园艺科技有限公司等企业为骨干，从事粮食深加工、农作物种子示范推广。

3.做法经验

（1）加强顶层建设，建立政企对接交流机制。发挥省级农业对外合作联席会议机制作用，每年召开省级部门联席会议，明确任务、强化责任、加强协调服务。印发年度《全省农业对外合作工作要点》，编制《安徽省"十四五"农业国际合作规划》，联合13部门印发《关于推进农业企业开展国际合作实施方案》，明确责任和目标任务，指导相关"走出去"企业编制重点国别合作规划。继续探索"10+10"联络机制，开展10家安徽省农业对外合作联席会议成员单位与重点对外农业投资企业对口联系制度。将农业对外合作工作纳入工作评价体系，推进农业对外合作绩效评价工作向16个县区市延伸。

（2）培育合作主体。依托农业产业化和现代农业示范区等合作园区，创建3个省级境外农业合作示范区和4个农业对外开放合作试验区。安徽省制定了《省级境外农业合作示范区和农业对外开放合作试验区试点项目建设实施方案》，稳步推进"两区"建设。目前，安徽省在位于津巴布韦、哥斯达黎加、安哥拉的3个省级境外农业合作示范区内投资农业企业10家，投资额达4 000万美元，有力带动种业、农机、种植技术"走出去"。怀宁、怀远、繁昌、谯城农业对外开放合作试验区引领40多家境内外企业入园发展，逐步打造涉及农产品生产、加工、仓储、物流等完整产业链。

（3）创新合作方式。安徽省着力培育与重点国家和区域合作的农业主体，结合省内实际，引导和支持农业"走出去"企业强强联合，优化境外全产业链投资布局。近年来，相继推动成立皖企赴津巴布韦合作开发联盟、皖企与以色列合作联盟、皖巴（巴基斯坦）农业国际合作联盟等外向型主体。安徽省农垦集团牵头的皖企赴津巴布韦合作开发联盟目前有40多家成员单位、4家农业企业赴津巴布韦投资。皖企与以色列合作联盟成员单位共20家，吸引了来自海南、江苏等省各类涉农主体参加。皖巴农业国际合作联盟以种子企业为重点，联合农机、农药、化肥等相关农业企业共同加盟，促进上下游产业链企业共同出海。目前已在巴基斯坦建设5个千亩连片示范试验基地，企业对巴种子年出口8 000吨以上，农机年出口500台套以上。

（4）搭建合作平台。搭建多双边合作机制平台，目前已与20多个国家的省（州）、国际企业、商会等建立稳定合作关系，签署农业合作协议、备忘录20余份。搭建展会平台，每年举办安徽名优农产品暨农业产业化交易会，设立外资和台资企业展区，积极组织企业参加中国国际食品和饮料展览会、中国东盟农业国际合作展、中国国际食品及配料博览会、中国国际薯业博览会等展会，200多家农业企业通过展会平台与海外100多家企业达成合作协议。搭建人才储备平台，克服新冠肺炎疫情带来的影响，连续13年举办"南南合作"项目英语培训班，连续6年举办农业对外合作政策培训班，累计培训外向型人才700余人。2015年以来先后向津巴布韦、埃塞俄比亚、莫桑比克、刚果（金）等国派出援外高级农业专家30余人次。搭建银企合作平台，针对安徽省农业"走出去"企业面临的融资难，注重加强与省进出口银行、国家开发银行安徽省分行等部门的沟通联系，开展战略合作，支持重点龙头企业"走出去"。

（四）云南省对外农业投资情况

云南省边境线长达4 000多公里，与缅甸、老挝、越南接壤，是中国面向南亚、东南亚和环印度洋地区开放的大通道，具有农业对外投资的独特区位优势。云南省中小企业活跃，是2021年全国农业对外投资企业数量最多的省份。

1.基本情况　2021年，云南省对外农业投资流量总额为1.80亿美元，投资存量总额为15.02亿美元，投资覆盖全球10个国家和地区，共在境外设立农业企业166家。

从投资主体看，2021年非央企投资流量为1.79亿美元，是云南省对外农业投资流量的全部。从区域分布看，新增投资全部在亚洲。其中，缅甸0.82亿美元，老挝0.97亿美元，柬埔寨15.00万美元，泰国5.80万美元。从产业分布看，种植业投资流量1.72亿美元，畜牧业0.01亿美元，其他产业0.06亿美元。

2.主要成效

（1）开展替代种植，履行国家责任。从1991年起，云南省开展"政府倡导、市场导向、企业为主"的境外替代种植行动，以有偿经济技术合作方式，动员国有企业、民营企业和个体商户到境外发展替代经济。发展的替代种植实现了原罂粟种植地区经济增长、烟农增收、企业获利，得到持续、稳定、健康发展。云南农垦目前在老挝建有天然橡胶基地18个，种植面积达到13万亩，拥有3座制胶厂，并与老挝农林部合作建设了老挝橡胶产业研究院。

（2）对外农业投资拉动农资出口。对外农业投资合作有效带动了农资出口贸易。2021年，云南省农业对外投资共带动农资出口17.13亿美元，占全省对外出口贸易总额的6.27%。其中，对缅甸农资出口16.49亿美元、对老挝农资出口0.64亿美元。

（3）对东道国就业贡献不断提高。2021年，云南对外农业投资境外企业雇佣外方人员达6.06万人，同比增长3.95%，全年共发放外方人员工资总额达7 467.52万美元。

（4）农业培训受到多方肯定及赞扬。2021年8月，云南省农业农村厅、云南省人民政府外事办公室、越南驻昆明总领事馆共同举办了首届越南农业管理和技术人员线上培训班，培训学员200余人，得到越方学员和越南驻昆明总领事馆的高度认可。为推广首届培训班成功经验，应越方要求，云南省2022年9月和10月分别举办了云南省-越南北部古树茶产业线上培训班和越南农业管理和科技人员培训班，累计培训农业科技人员和企业、合作社代表800余人，得到了越南外交部、农业与农村发展部、驻昆明总领馆以及参训学员的高度肯定和积极评价。

3.做法经验

（1）以发展规划为引导，加强宏观指导协调。云南省先后编制了《云南农业"走出去"发展规划（2016—2025年）》《云南省参与澜湄合作规划（2021—2025）》《云南省"十四五"农业农村现代化发展规划》，将澜湄农业合作作为重要内容纳入规划中。通过规划的宏观引导作用，明确重点合作区域、产业，凝聚省内各单位力量共同推动云南省农业对外投资合作健康持续发展。

（2）以机制建设为纽带，健全投资合作对话。围绕建立和完善农业对外投资合作机制，为云南农业对外投资合作提供完善的制度和政策保障。云南省农业农村厅与越南老街、河江、莱州、奠边四省农业与农村发展厅建立"中国云南省与越南老街、河江、莱州、奠边省农业交流合作机制"，为进一步推进滇越农业领域务实合作搭建了对话交流合作平台；省级农业科研部门与澜湄国家签署农业科技合作协议，建立了"大湄公河次区域农业科技交流合作组""东南亚保护性农业协作网"等区域性合作机制；相关州（市）政府与周边邻国有关部门签订农业合作协议等。多层次农业对外投资合作机制不断完善，有效保障和促进云南农业对外投资合作取得实效。

（3）以基地建设为依托，促进产业投资合作。依靠云南在品种、技术、农机等方面的优势，结合替代种植项目实施，引导和鼓励企业以购买、租赁、入股等方式，在境外建立一批农业种植、养殖、农产品加工等基地，促进了粮食、甘蔗、橡胶、香蕉、肉牛、饲料等产业发展。加快农产品生产加工基地建设，加强农产品加工仓储流通环节合作，推进农资、农机装备生产贸易合作。2021

年，云南企业在老挝、缅甸建立种植基地面积达400多万亩。

（4）以培训为桥梁，推广农业技术示范。2021年8月，举办首届越南农业管理和技术人员线上培训班，针对学员不同需求设计涵盖现代种养技术的6门课程，提高越方学员相关种养技术水平，并以本次培训为契机，进一步加强双方在水稻高产栽培技术、热带水果种植技术、热带蔬菜种植技术、现代猪鸡牛养殖技术等方面的交流。

（5）以产销对接为抓手，助推农产品"走出去"。鼓励云南省内企业在边境建设农产品加工贸易园区，加强区域特色农产品跨境电商平台和营销体系建设，构建辐射国内外的重要农产品交易中心、物流中心等国际农产品交易枢纽。立足高原丰富多样的资源优势，大力开发名特优产品，举办农博会、花博会、茶博会等，赴中东各国、东南亚各国和俄罗斯，以及中国港澳台地区开展专场推介，全面开拓国内外市场。2021年10月，积极组织省内37家茶业企业和1家农业国际贸易高质量发展基地企业赴广东东莞参加第六届中国国际食品与配料博览会，获"最佳组织奖"。目前，云南高原特色农产品已远销110多个国家和地区。

（6）以《区域全面经济伙伴关系协定》（以下简称RCEP）生效为契机，促进对外投资合作。云南省农业农村厅印发了《贯彻落实云南省加快对接RCEP行动计划涉农工作任务分工方案》，从扩大农产品进出口、加快推进对外农业投资、强化招商引资等方面提出了具体落实措施和项目。同时，分三个批次组织各州（市）农业农村局、厅机关有关处室、厅属有关单位、农业对外贸易和投资企业共计611人次参加RCEP专题线上培训。通过培训，让企业和相关人员熟悉和掌握RCEP各成员国关于关税优惠、通关程序、检验检疫等有关制度安排和承诺，抓住RCEP生效和中老（老挝）铁路开通双重政策红利，促进对外农业投资合作不断发展。

第四章

中国农业对外投资产业
分布情况

中国农业对外投资类别分为种植业、畜牧业、林业、渔业、农资产业和其他产业共6个产业类别。虽然受到了新冠肺炎疫情和地缘冲突的影响，但2021年种植业、畜牧业、林业和渔业的投资流量均呈上升趋势，仅农资产业和其他产业呈下滑趋势。2021年，六大产业合计投资流量16.62亿美元，投资存量271.15亿美元。其中，种植业是对外投资最多的产业。

一、种植业：粮食作物

截至2021年底，种植业投资存量为136.53亿美元，其中，粮食作物和经济作物分别为81.39亿美元和55.14亿美元。种植业投资流量为6.47亿美元，其中，粮食作物和经济作物分别为3.54亿美元和2.93亿美元。其他数据详见表4-1。

表4-1　2021年中国农业对外投资产业分布情况

产业类别		投资流量（亿美元）	投资存量（亿美元）
种植业		6.47	136.53
其中：	①经济作物	3.54	81.39
	②粮食作物	2.93	55.14
畜牧业		3.97	43.19
林业		0.29	16.94
渔业		0.17	14.76
农资产业		3.85	12.12
其他		1.87	47.61
总计		16.62	271.15

注：本表投资存量的数据如与前述相关数据有细微差别，为原始数据的四舍五入及统计方法不同造成，非数据错误。

（一）投资省份（自治区、直辖市）分布

截至2021年底，中国有24个省（自治区、直辖市）在境外投资设立种植业（粮食作物）企业，主要为边境省及自治区（云南省、黑龙江省、广西壮族自治区）、国内粮食产量大省（湖南省、安徽省、河北省）和大型企业注册地（北京市、上海市、天津市）。

截至2021年底，中国对外投资粮食作物企业的投资存量81.39亿美元，排名前五位的省（直辖市）分别为北京市、湖南省、黑龙江省（包括北大荒农垦集团）、云南省和安徽省，合计占总投资存量的91.21%。2021年中国企业境外粮食作物投资流量3.54亿美元，排名前五位的省（直辖市）分别为北京市、云南省、河南省、黑龙江省和安徽省，合计占总投资流量的91.46%。

截至2021年底，24个省（自治区、直辖市）境外农业投资涉及种植业（粮食作物）企业数合计213个，排名前五位的分别为云南省、黑龙江省（包括北大荒农垦）、北京市、湖南省和安徽省，

其他数据详见表4-2。

表4-2 2021年主要省（自治区、直辖市）对外投资种植业（粮食作物）情况

地区	投资存量（亿美元）	投资流量（亿美元）	企业数（家）	地区	投资存量（亿美元）	投资流量（亿美元）	企业数（家）
北京市	53.27	2.29	17	上海市	1.85	0.08	2
湖南省	12.27	0.02	15	河北省	0.97	0.00	7
黑龙江省	3.44	0.17	41	广西壮族自治区	0.76	0.04	11
云南省	3.39	0.43	49	天津市	0.65	0.06	2
安徽省	1.86	0.10	13	山东省	0.63	0.004	6

注：因投资存量更能反映出对外投资的综合情况，故各省（自治区、直辖市）排列按投资存量由大到小排序。以下同类表格情况同。

（二）投资区域分布

截至2021年底，中国企业境外种植业（粮食作物）对外投资存量为81.39亿美元，排名前五位国家分别为瑞士、巴西、澳大利亚、缅甸、俄罗斯，合计占总量的89.69%。2021年中国企业境外种植业（粮食作物）对外投资流量3.54亿美元，主要投向瑞士、缅甸、俄罗斯、澳大利亚和老挝，合计占总量85.30%。

截至2021年底，中国在境外投资涉及种植业（粮食作物）的企业共213家。企业数量排名前五位的国家分别为俄罗斯、缅甸、老挝、柬埔寨、澳大利亚，合计占总数的56.81%，其他数据详见表4-3。

表4-3 2021年中国对外投资种植业（粮食作物）分布情况

序号	区域	投资存量（亿美元）	占比（%）	投资流量（亿美元）	占比（%）	企业数（家）	占比（%）
1	瑞士	51.90	63.76	2.29	64.77	1	0.47
2	巴西	12.52	15.39	0.07	1.92	2	0.94
3	澳大利亚	3.91	4.81	0.12	3.39	6	2.82
4	缅甸	2.37	2.91	0.32	9.08	32	15.02
5	俄罗斯	2.30	2.82	0.17	4.82	45	21.13
6	老挝	1.18	1.45	0.11	3.24	25	11.74

（续）

序号	区域	投资存量（亿美元）	占比（%）	投资流量（亿美元）	占比（%）	企业数（家）	占比（%）
7	乌干达	0.92	1.13	0.00	0.08	5	2.35
8	柬埔寨	0.79	0.97	0.01	0.41	13	6.10
9	莫桑比克	0.73	0.90	0.00	0.12	4	1.88
10	保加利亚	0.65	0.80	0.06	1.75	1	0.47

二、种植业：经济作物

（一）投资省份分布

截至2021年底，中国企业境外种植业（经济作物）投资存量为55.13亿美元，排名前五位的省（直辖市）分别为天津市、云南省、北京市、山东省、广东省（包括广东农垦）。2021年，中国企业境外种植业（经济作物）投资流量为2.93亿美元，排名前三位的省（直辖市）分别为云南省、天津市和北京市。

截至2021年底，中国在境外投资涉及种植业（经济作物）的企业共246家，企业数量排名前五位的分别为云南省、山东省、广东省（包括广东农垦集团）、江苏省和福建省，其他数据详见表4-4。

表4-4　2021年主要省（自治区、直辖市）对外投资种植业（经济作物）情况

地区	投资存量（亿美元）	投资流量（亿美元）	企业数（家）	地区	投资存量（亿美元）	投资流量（亿美元）	企业数（家）
天津市	10.92	0.89	9	上海市	2.12	0.004	2
云南省	10.69	1.29	80	新疆维吾尔自治区	2.04	0.02	8
北京市	8.71	0.35	10	江苏省	1.80	0.01	12
山东省	6.98	0.08	30	福建省	1.52	0.01	11
广东省	6.51	0.16	25	浙江省	0.92	0.07	3

（二）投资区域分布

截至 2021 年底，中国企业境外种植业（经济作物）投资存量为 55.13 亿美元，排名前五位的国家分别为印度尼西亚、老挝、澳大利亚、缅甸、新加坡，合计占 63.08%。2021 年中国企业境外种植业（经济作物）投资流量为 2.93 亿美元，主要投向印度尼西亚、老挝、缅甸、新加坡、澳大利亚，合计占 92.69%。

截至 2021 年底，中国在境外投资涉及种植业（经济作物）的企业共 246 家。企业数量排名前五位的国家分别为老挝、缅甸、柬埔寨、印度尼西亚、澳大利亚，其他数据详见表 4-5。

表4-5　2021年中国农业对外投资种植业（经济作物）分布情况

序号	区域	投资存量（亿美元）	占比（%）	投资流量（亿美元）	占比（%）	企业数（家）	占比（%）
1	印度尼西亚	12.57	22.80	0.91	31.17	10	4.07
2	老挝	6.11	11.08	0.84	28.78	45	18.29
3	澳大利亚	5.97	10.83	0.08	2.90	10	4.07
4	缅甸	5.14	9.32	0.45	15.49	42	17.07
5	新加坡	4.99	9.05	0.42	14.35	4	1.63
6	柬埔寨	3.76	6.82	0.07	2.45	19	7.72
7	泰国	3.00	5.44	0.00	0.00	5	2.03
8	意大利	2.10	3.81	0.00	0.00	1	0.41
9	塔吉克斯坦	1.90	3.45	0.02	0.53	2	0.81
10	牙买加	1.76	3.19	0.00	0.00	1	0.41

三、畜牧业

（一）投资省份分布

截至 2021 年底，中国企业境外投资畜牧业投资存量为 43.19 亿美元，排名前五位的省（自治区、直辖市）分别为上海市、内蒙古自治区、北京市、河北省和广东省，合计几乎占到投资存量总数的 90%。2021 年，中国企业境外畜牧业投资流量为 3.97 亿美元，主要为内蒙古自治区，占 91.43%。

截至 2021 年底，中国在境外投资涉及畜牧业的企业 93 家，排名前五位的分别为北京市、广东省、上海市、内蒙古自治区、山东省，企业数合计占 49.46%，数据详见表 4-6。

表4-6 2021年主要省（自治区、直辖市）农业对外投资畜牧业情况

地区	投资存量（亿美元）	投资流量（亿美元）	企业数（家）	地区	投资存量（亿美元）	投资流量（亿美元）	企业数（家）
上海市	16.23	0.01	8	四川省	0.83	0.00	3
内蒙古自治区	10.55	3.63	8	河南省	0.74	0.01	3
北京市	7.98	0.04	13	山东省	0.63	0.03	7
河北省	2.30	0.00	5	浙江省	0.63	0.01	5
广东省	1.33	0.06	9	西藏自治区	0.56	0.00	1

（二）投资区域分布

截至2021年底，中国企业境外畜牧业投资存量为43.19亿美元，主要集中在以色列、新西兰、法国、澳大利亚、印度尼西亚，五国合计占84.98%。2021年中国企业境外畜牧业投资流量为3.97亿美元，主要投向新西兰、印度尼西亚、泰国，三国合计占92.70%。

截至2021年底，中国在境外投资涉及畜牧业的企业共93家。企业数量排名前三位的国家分别为澳大利亚、新西兰和越南，其他数据详见表4-7。

表4-7 2021年中国农业境外投资畜牧业分布情况

序号	区域	投资存量（亿美元）	占比（%）	投资流量（亿美元）	占比（%）	企业数（家）	占比（%）
1	以色列	13.56	31.40	0.00	0.00	1	1.08
2	新西兰	9.28	21.47	2.26	56.86	9	9.68
3	法国	7.05	16.32	0.00	0.05	2	2.15
4	澳大利亚	4.62	10.69	0.13	3.23	22	23.66
5	印度尼西亚	2.20	5.08	0.94	23.57	5	5.38
6	泰国	1.87	4.33	0.48	12.04	3	3.23
7	越南	1.22	2.83	0.06	1.40	8	8.60
8	吉尔吉斯斯坦	0.70	1.61	0.005	0.11	1	1.08

（续）

序号	区域	投资存量（亿美元）	占比（%）	投资流量（亿美元）	占比（%）	企业数（家）	占比（%）
9	中国香港	0.66	1.53	0.01	0.25	5	5.38
10	俄罗斯	0.26	0.59	0.002	0.05	2	2.15

四、渔业

（一）投资省份分布

截至2021年底，中国企业境外渔业投资存量为14.75亿美元，投资规模比较均衡和集中，排名前七位的省（直辖市）分别为福建省、北京市、上海市、浙江省、辽宁省、山东省、广东省，合计占93.54%。2021年，中国企业境外渔业投资流量仅为0.17亿美元，排名前两位的省（直辖市）分别为山东省、上海市，合计超过投资流量的八成。

截至2021年底，中国在境外投资涉及渔业的企业共149家，企业数量排名前六位的分别为广东省、山东省、福建省、辽宁省、北京市、浙江省，其他数据详见表4-8。

表4-8　2021年主要省（自治区、直辖市）农业对外投资渔业情况

地区	投资存量（亿美元）	投资流量（亿美元）	企业数（家）	地区	投资存量（亿美元）	投资流量（亿美元）	企业数（家）
福建省	3.24	0.01	21	山东省	1.20	0.08	25
北京市	3.18	0.00	16	广东省	1.14	0.01	31
上海市	2.30	0.06	8	广西壮族自治区	0.42	0.01	6
浙江省	1.46	0.00	16	江苏省	0.36	0.00	5
辽宁省	1.28	0.00	18	新疆维吾尔自治区	0.05	0.00	1

（二）投资区域分布

从投资存量看，主要投向毛里塔尼亚、印度尼西亚、马绍尔群岛、西班牙、摩洛哥，合计占52.75%。从2021年投资流量看，仅在4个国家有投资，分别为西班牙、加纳、智利和马来西亚。

从投资境外企业个数看，截至2021年底，中国在境外投资涉及渔业的企业共149家。排名前五

位的国家分别为印度尼西亚、毛里塔尼亚、马来西亚、加纳、阿根廷，其他数据详见表4-9。

表4-9　2021年中国农业对外投资渔业分布情况

序号	区域	投资存量（亿美元）	占比（%）	投资流量（亿美元）	占比（%）	企业数（家）	占比（%）
1	毛里塔尼亚	2.72	18.41	0.00	0.00	11	7.38
2	印度尼西亚	2.03	13.78	0.00	0.00	12	8.05
3	马绍尔群岛	1.27	8.63	0.00	0.00	2	1.34
4	西班牙	0.91	6.20	0.06	36.86	3	2.01
5	摩洛哥	0.85	5.74	0.00	0.00	3	2.01
6	阿根廷	0.63	4.29	0.00	0.00	4	2.68
7	加纳	0.59	3.98	0.03	15.30	7	4.70
8	基里巴斯	0.57	3.89	0.00	0.00	3	2.01
9	智利	0.54	3.68	0.00	0.58	3	2.01
10	马来西亚	0.46	3.11	0.00	0.12	11	7.38

五、林业

（一）投资省份分布

截至2021年底，中国企业境外林业投资存量为16.94亿美元，排名前三位的省分别为山东省、江苏省、广东省，合计占94.69%。2021年林业企业境外林业投资流量0.29亿美元，仅北京市、福建省、江苏省、山东省、浙江省、上海市有投资流量。

截至2021年底，中国在境外投资涉及林业的企业共32家，企业数量排名前三位的分别为江苏省、山东省、北京市，其他数据详见表4-10。

表4-10　2021年主要省（直辖市）农业对外投资林业情况

地区	投资存量（亿美元）	投资流量（亿美元）	企业数（家）	地区	投资存量（亿美元）	投资流量（亿美元）	企业数（家）
山东省	14.42	0.03	4	福建省	0.18	0.08	2

（续）

地区	投资存量 （亿美元）	投资流量 （亿美元）	企业数 （家）	地区	投资存量 （亿美元）	投资流量 （亿美元）	企业数 （家）
江苏省	1.19	0.05	11	上海市	0.07	0.01	1
广东省	0.43	0.00	2	浙江省	0.05	0.01	2
北京市	0.37	0.12	4	云南省	0.03	0.00	1
吉林省	0.18	0.00	1	河北省	0.02	0.00	2

（二）投资区域分布

截至2021年底，中国企业境外林业投资存量为16.94亿美元，其中主要投向老挝、新西兰、印度尼西亚、赤道几内亚、苏里南。2021年林业对外投资流量仅为0.29亿美元，有投资流量的国家有新西兰、印度尼西亚、老挝、加蓬和坦桑尼亚。

截至2021年底，中国在境外投资涉及林业的企业共32家。其中，企业数量排名前五位的国家分别为新西兰、老挝、赤道几内亚、加蓬和俄罗斯，其他数据详见表4-11。

表4-11 2021年中国农业对外投资林业分布情况

序号	区域	投资存量 （亿美元）	占比 （%）	投资流量 （亿美元）	占比 （%）	企业数 （家）	占比 （%）
1	老挝	14.48	85.45	0.03	10.71	5	15.63
2	新西兰	0.51	3.00	0.19	66.50	7	21.88
3	印度尼西亚	0.50	2.95	0.05	17.22	1	3.13
4	赤道几内亚	0.33	1.97	0.00	0.00	3	9.38
5	苏里南	0.29	1.71	0.00	0.00	1	3.13
6	加蓬	0.18	1.09	0.01	3.44	3	9.38
7	美国	0.17	1.02	0.00	0.00	2	6.25
8	俄罗斯	0.15	0.90	0.00	0.00	3	9.38
9	刚果（布）	0.08	0.47	0.00	0.00	1	3.13
10	坦桑尼亚	0.07	0.42	0.01	1.72	1	3.13

六、农资产业

（一）投资省份分布

截至2021年底，中国对外投资农资产业的企业投资存量为12.12亿美元，排名前五位的省（直辖市）分别为北京市、上海市、江苏省、江西省、山东省，合计将近占投资存量的95%。2021年中国企业境外农资产业投资流量3.85亿美元，主要是上海市。

截至2021年底，各省（自治区、直辖市）对外农业投资企业数共69个，企业数量排名前三位的分别为江苏省、江西省和山东省，合计占68.12%，其他数据详见表4-12。

表4-12　2021年主要省（自治区、直辖市）农业对外投资农资产业情况

地区	投资存量（亿美元）	投资流量（亿美元）	企业数（家）	地区	投资存量（亿美元）	投资流量（亿美元）	企业数（家）
北京市	5.02	0.000	1	福建省	0.26	0.010	6
上海市	3.79	3.790	2	黑龙江省	0.20	0.001	2
江苏省	1.91	0.010	17	云南省	0.06	0.000	3
江西省	0.41	0.030	10	重庆市	0.03	0.000	2
山东省	0.35	0.000	10	广西壮族自治区	0.02	0.002	2

（二）投资区域分布

截至2021年底，中国企业境外农资产业投资存量为12.12亿美元，主要投向约旦、瑞士、以色列、印度尼西亚、泰国。2021年中国企业境外农资产业投资流量为3.85亿美元，主要在瑞士和以色列，合计占98.55%。

截至2021年底，中国在境外投资涉及农资的企业共69家。其中，企业数量排名前四的国家分别为印度尼西亚、美国、俄罗斯和越南，其他数据详见表4-13。

表4-13　2021年中国农资对外投资分布情况

序号	区域	投资存量（亿美元）	占比（%）	投资流量（亿美元）	占比（%）	企业数（家）	占比（%）
1	约旦	5.02	41.46	0.00	0.00	1	1.45

（续）

序号	区域	投资存量（亿美元）	占比（%）	投资流量（亿美元）	占比（%）	企业数（家）	占比（%）
2	瑞士	2.14	17.67	2.14	55.59	1	1.45
3	以色列	1.65	13.66	1.65	42.97	1	1.45
4	印度尼西亚	1.14	9.40	0.00	0.06	11	15.94
5	泰国	0.51	4.20	0.00	0.00	3	4.35
6	美国	0.45	3.70	0.01	0.16	5	7.25
7	南非	0.32	2.65	0.00	0.00	2	2.90
8	马来西亚	0.22	1.81	0.01	0.13	3	4.35
9	俄罗斯	0.20	1.64	0.00	0.05	4	5.80
10	越南	0.10	0.86	0.00	0.03	4	5.80

七、其他产业

（一）投资省份分布

截至2021年底，中国企业境外其他产业投资存量为47.62亿美元，排名前五位的省（自治区、直辖市）分别为上海市、四川省、海南省、内蒙古自治区和重庆市。2021年，中国企业境外其他产业投资流量1.87亿美元，主要为四川省、内蒙古自治区，合计将近占投资流量的七成。

截至2021年底，中国在境外投资涉及其他产业的企业共318家，企业数量排名前三位的省份分别为四川省、江苏省、山东省，其他数据详见表4-14。

表4-14　2021年主要省（自治区、直辖市）农业对外投资其他产业情况

地区	投资存量（亿美元）	投资流量（亿美元）	企业数（家）	地区	投资存量（亿美元）	投资流量（亿美元）	企业数（家）
上海市	12.58	0.05	16	重庆市	2.08	0.01	13
四川省	10.98	1.13	63	湖南省	1.70	0.02	8
海南省	3.51	0.00	5	江苏省	1.67	0.02	24
内蒙古自治区	2.53	0.16	13	山东省	1.22	0.00	18

（续）

地区	投资存量 （亿美元）	投资流量 （亿美元）	企业数 （家）	地区	投资存量 （亿美元）	投资流量 （亿美元）	企业数 （家）
江西省	2.11	0.03	15	广西壮族 自治区	1.12	0.01	6

（二）投资区域分布

截至2021年底，中国在境外投资涉及其他产业的企业共318家。其中企业数量排名前五位的是中国香港，以及越南、印度尼西亚、俄罗斯、泰国，其他数据详见表4-15。

表4-15　2021年中国农业境外投资其他产业分布情况

序号	区域	投资存量 （亿美元）	占比 （%）	投资流量 （亿美元）	占比 （%）	企业数 （家）	占比 （%）
1	新加坡	6.49	13.63	0.44	23.39	11	3.46
2	新西兰	5.86	12.31	0.16	8.43	6	1.89
3	澳大利亚	5.31	11.16	0.00	0.16	8	2.52
4	印度尼西亚	4.13	8.67	0.23	12.43	19	5.97
5	中国香港	3.69	7.75	0.07	3.96	23	7.23
6	越南	2.66	5.58	0.19	10.02	21	6.60
7	卢森堡	2.28	4.79	0.00	0.00	1	0.31
8	俄罗斯	1.57	3.29	0.20	10.93	18	5.66
9	泰国	1.41	2.96	0.05	2.70	15	4.72
10	巴西	1.27	2.66	0.01	0.27	4	1.26

第 五 章

跨国农业投资动态

随着农业生产全球布局加快，农业产业链、价值链和供应链分工不断深化，外国直接投资在全球农业发展领域正发挥着越来越积极的作用。本章主要利用 **fDi Markets** 相关数据[①]，梳理部分国家对外农业投资和吸收农业外资情况。

一、部分国家对外农业投资情况[②]

（一）美国对外农业投资情况

1.主要做法　美国对外农业投资具有多方推动、企业运作、控制定价等特征。一是多方推动。美国农业部、美国国际开发署等机构专门支持企业从事境外农业资源开发，将对外投资与外交相结合、援助与开发相结合，从文化、政治、经济、技术、国际物流通道等多个方面帮助企业开展经营活动。二是企业运作。艾地盟（ADM）、邦吉和嘉吉等美国企业业务涵盖种子研发、种植、收购、加工到物流和销售等产业链，运用自身物流体系实现资源全球配置，降低运营成本。三是控制定价。美国农业部每年提前发布大宗农产品生产情况统计和预测数据，芝加哥期货交易所（CBOT）、芝加哥商业交易所（CME）、纽约期货交易所（NYBOT）等期货交易所通过制定交易规则、吸引市场参与者形成市场价格，为全球生产者、投资者和贸易商提供信息服务、引导市场预期。

2.美国对外涉农绿地投资动态　截至2021年底，美国境内共有543家企业从事对外涉农绿地投资，境外合计设立899家企业开展涉农绿地投资，在全球117个国家和地区共拥有2 761个涉农绿地投资项目，投资总额达1 250.50亿美元。2021年全年，美国新增对外涉农绿地投资项目140个，新增农业绿地投资额63.29亿美元。

（1）区域分布。截至2021年底，美国对外涉农绿地投资总额最大的区域是亚洲，投资总额为446.64亿美元；项目数量最多的在欧洲，绿地项目总数为1 046个。其他数据详见表5-1。

表5-1　美国对外涉农绿地投资区域分布（2021年）

区域	绿地项目总数（个）	投资总额（亿美元）	新增项目数（个）	新增投资额（亿美元）
亚洲	873	446.64	29	18.98
欧洲	1 046	334.51	69	23.27
北美洲	344	232.24	23	11.21

---

① 本报告中所有使用fDi Markets投资数据的部分所指的"投资"均为涉农绿地项目投资，其"投资额"均指"资本支出"（Capital Expenditure，CapEx），指企业为取得长期资产或取得为一个以上会计期间提供效益的财产或劳务所发生的支出。fDi Markets数据从2003年开始统计，累计投资额指统计起始至指定时间为止的所有资本支出之和。
② 本部分数据源于fDi Markets。

（续）

区域	绿地项目总数（个）	投资总额（亿美元）	新增项目数（个）	新增投资额（亿美元）
南美洲	263	142.99	11	7.07
非洲	144	60.34	1	0.54
大洋洲	91	33.78	7	2.22
合计	2 761	1 250.50	140	63.29

来源：fDi Markets.

（2）国别分布。截至2021年底，美国对外涉农绿地投资总额最大的5个国家分别为墨西哥（153.03亿美元）、中国（148.56亿美元）、巴西（81.44亿美元）、印度（74.46亿美元）和加拿大（67.12亿美元）。

（3）产业分布。美国对外涉农绿地投资中，粮食及油料种子行业绿地项目240个，投资总额86.25亿美元；农药化肥及其他农业化学品行业绿地投资项目97个，投资总额48.26亿美元；农机行业绿地投资项目115个，投资总额40.84亿美元；种植业绿地投资项目84个，投资总额29.12亿美元；畜牧养殖行业绿地投资项目47个，投资总额22.83亿美元；涉农仓储业绿地投资项目10个，投资总额12.71亿美元；涉农物流业绿地投资项目22个，投资总额12.25亿美元；水产品行业绿地投资项目13个，投资总额9.14亿美元。

（4）企业构成。截至2021年底，美国对外涉农绿地投资总额最大的3家企业为可口可乐、嘉吉和百事。其他数据详见表5-2。

表5-2 美国部分企业对外涉农绿地投资情况（2021年）

序号	美国境内投资企业名称	对外涉农绿地投资总额（亿美元）	对外涉农绿地投资项目总数（个）
1	可口可乐	188.78	221
2	嘉吉	90.26	228
3	百事	78.44	181
4	美国皇冠集团	46.43	52
5	沃尔玛	44.81	96
6	星座公司	38.33	14
7	美国玛氏公司	37.92	97

（续）

序号	美国境内投资企业名称	对外涉农绿地投资总额（亿美元）	对外涉农绿地投资项目总数（个）
8	菲利普-莫里斯国际公司	37.05	36
9	亿滋国际	26.88	60
10	奥驰亚集团公司	26.38	42
11	ADM	24.25	60
12	泰森食品	23.73	26
13	约翰迪尔公司	19.70	44
14	美国波尔公司	19.62	27
15	邦吉	18.19	37
16	乔奇全球控股	16.49	25
17	卡夫食品	15.79	46
18	家乐氏公司	14.10	35

来源：fDi Markets.

（二）日本对外农业投资情况

1.主要做法　日本对外农业投资注重战略布局、部门协同和融资支持。一是战略布局方面。从20世纪50年代开始，日本政府通过开发援助，对非洲、拉美、东欧等地区提供农业援助，建立合作关系，实现长期开发。2009年，日本政府出台《关于为粮食安全保障而促进海外投资的指示》，建立全球粮食供应网络。二是注重部门协同。日本农林水产省等十几个部门联合，从不同方面指导农业企业"走出去"。三是融资支持方面。通过日本国际协力银行（JBIC）、日本进出口银行（JEXIM）等政策性银行为符合条件的日本企业提供长期的低息优惠贷款。其他详细措施详见表5-3。

表5-3　日本多主体合作推动农业"走出去"部门列表

职能	部门名称	支持措施
综合支持	日本贸易振兴机构（JETRO）	农林水产品出口咨询、贸易投资咨询服务
	农林水产省	农产品、食品出口咨询，包括目标国制度、日本政府出口手续等

（续）

职能	部门名称	支持措施
综合支持	外务省	日驻外使馆设有日企支援官员，为日本企业出口、海外投资提供法规政策支持，开展投资促进活动等
	中小企业基盘整备机构	海外投资综合咨询服务
	农林中央金库	海外投资、出口、投（融）资手续咨询服务
	日本国际协力机构（JICA）	日本政府开发援助（ODA）的实施机构，为发展中国家提供国际合作帮助
投资国信息支持	日本贸易振兴机构	由海外信息员提供信息服务，及时提供境外最新情况
	在日外国工商会	提供海外情况，包括经商习惯、商机趋势、竞争产品销售状况等，举办商品展览会、商谈会、专家介绍会等
	外务省	为企业提供境外最新政治、经济、治安等信息
贸易通关支持	农林水产省	农林水产品、食品贸易经济伙伴协定相关咨询
	经济产业省	出口管理、贸易安全管理制度等咨询
	日本贸易保险协会	针对日本企业在海外交易（出口、投融资）设各种险种，涵盖战争、自然灾害、进出口限制、合作方破产、货船积压、货款拖欠等各类风险
	日本关税协会	通用原产地规则相关咨询
法律仲裁支持	日本律师联合会	为中小企业海外业务介绍相关律师，提供法务咨询，包括海外合同签订、风险防范等方面
	日本商事仲裁协会	协助企业解决海外商业纠纷，起草争议解决条款、提供仲裁调停手续相关咨询服务
资金支持	国际协力银行	海外投资程序、手续相关咨询、长期融资支持
	日本政策金融公库	海外投资相关的各种资金支持
知识产权支持	日本代申请人	知识产权相关咨询，包括外国知识产权制度、申报专利、创意、商标等的手续事宜，以及农林水产领域的各种知识产权咨询
	日本国家工业产权信息与培训中心（INPIT）	为海外投资企业提供海外知识产权风险、知识产权保护与活用等相关咨询
	农林水产食品产业技术振兴协会（JATAFF）	成立"防止植物品种海外流出联合会"，就海外植物品种专利、许可、商标等获取与保护提供相关咨询
知识产权支持	日本关税协会	知识产权信息中心（CIPIC），提供针对仿冒品以及知识产权海关保护（向海关提出申请，禁止侵犯知识产权的货物进出口）申请相关咨询

（续）

职能	部门名称	支持措施
知识产权支持	律师知识产权网络	为无形资产（品种、技术、品牌、数据等）相关交易提供支持，包括合同交涉、合同起草、交易实务、争议解决等方面支持
其他	海外产业人才培养协会	为海外企业培养人才
	工商会（距企业最近）	原产地证明书发行相关咨询

来源：日本农林水产省、野村综合研究所《通过食品产业海外扩张促进农林水产品食品出口的方针》，2022年3月。

2. 日本对外涉农绿地投资动态

（1）总量。截至2021年底，日本在全球63个国家和地区共拥有866个涉农绿地投资项目，投资总额292.54亿美元。2021年，日本新增对外涉农绿地投资项目34个，新增涉农绿地投资额12.75亿美元。

（2）区域分布。截至2021年底，日本对外涉农绿地投资总额最大的区域是亚洲区域，项目总数489个，投资总额169.42亿美元。

（3）国别分布。截至2021年底，日本对外涉农绿地投资总额最大的五个国家分别为中国（80.04亿美元）、美国（40.76亿美元）、泰国（18.56亿美元）、越南（12.75亿美元）、印度尼西亚（11.94亿美元）。

（4）产业分布。日本对外涉农绿地投资中，奶制品行业绿地项目62个，投资总额25.17亿美元；农药化肥及其他农业化学品行业绿地投资项目42个，投资总额22.75亿美元；农机行业绿地投资项目58个，投资总额17.95亿美元；水产品行业绿地项目34个，投资总额12.83亿美元；粮食及油料种子行业绿地项目44个，投资总额10.76亿美元；涉农物流业绿地投资项目6个，投资总额6.25亿美元；种植业绿地项目14个，投资总额5.12亿美元；畜牧养殖行业绿地投资项目11个，投资总额2.94亿美元。其他数据详见表5-4。

表5-4　日本对外涉农绿地投资区域分布（2021年）

区域	绿地项目总数（个）	投资总额（亿美元）	新增项目数（个）	新增投资额（亿美元）
亚洲	489	169.42	13	3.92
欧洲	183	49.63	11	2.43
北美洲	128	43.65	8	5.77
非洲	14	10.21	0	0

（续）

区域	绿地项目总数（个）	投资总额（亿美元）	新增项目数（个）	新增投资额（亿美元）
大洋洲	21	9.97	0	0
南美洲	31	9.66	2	0.63
合计	866	292.54	34	12.75

来源：fDi Markets.

注：数据按各洲绿地项目截至2021年底总投资额从大到小排列。

（5）投资企业方面。截至2021年底，日本在海外涉农绿地投资总额最大的三家企业为味之素株式会社、日本香烟产业株式会社、三菱集团。日本五大农业企业三菱集团、伊藤忠商事、全农集团、丸红株式会社、三井物产株式会社涉农绿地投资总额分别排名第三（17.60亿美元）、第六（8.77亿美元）、第十（7.21亿美元）、第十一（6.67亿美元）、第十二（6.57亿美元）。其他数据详见表5-5。

表5-5　日本部分企业对外涉农绿地投资情况（2021年）

序号	日本境内投资企业名称	对外涉农绿地投资总额（亿美元）	对外涉农绿地投资项目总数（个）
1	味之素株式会社	22.88	70
2	日本香烟产业株式会社	17.75	35
3	三菱集团	17.60	25
4	养乐多	16.15	43
5	久保田集团	15.68	44
6	伊藤忠商事	8.77	17
7	三得利	8.16	35
8	麒麟	8.01	20
9	日本火腿集团	7.97	9
10	全农集团	7.21	1
11	丸红株式会社	6.67	14
12	三井物产株式会社	6.57	22
13	昭和产业株式会社	5.66	5

（续）

序号	日本境内投资企业名称	对外涉农绿地投资总额 （亿美元）	对外涉农绿地投资项目总数 （个）
14	长谷川香料株式会社	5.63	9
15	高砂香料工业株式会社	4.80	11
16	日清食品株式会社	4.78	15
17	明治集团	4.75	10
18	三菱化学株式会社	4.67	9
19	日本邮船株式会社	4.32	3
20	卡乐比食品	4.26	18

数据来源：fDi Markets.

二、部分国家吸收外国农业投资情况[①]

（一）巴西吸收农业投资情况

1.基本农情　巴西农业资源丰富，平原广阔适于大规模机械化作业，亚马孙河、巴拉那河、圣弗朗西斯科河等提供了充足水资源，巴西是大豆、玉米等重要大宗农产品和咖啡等热带农作物重要产区。巴西国家地理统计局在2022年9月发布的调查结果显示，2021年巴西农业总产值达到7 433亿雷亚尔（1雷亚尔约合1.35元人民币[②]，约10 034.55亿元人民币），同比增长58.6%。在农业总产值中，按作物来分，由大豆、玉米、甘蔗所创造的产值位居前三位，分别达到3 417亿雷亚尔（约4 612.95亿元人民币）、1 164亿雷亚尔（约1 571.40亿元人民币）和753亿雷亚尔（约1 016.55亿元人民币），同比分别增长102.1%、60.7%和24.4%。2021年巴西农产品出口额约1 200亿美元。

2.吸收涉农绿地投资情况

（1）总量。截至2021年底，全球共有40个国家、249家企业、294家分支企业/机构在巴西开展涉农绿地投资，项目总数484个，投资总额达272.55亿美元，在巴西创造就业岗位超过8.5万个。2021年，巴西新吸收涉农绿地投资项目22个、投资额10.51亿美元。

（2）区域分布。截至2021年底，巴西吸收涉农绿地投资总额最大来源区域是欧洲地区，项目总数242个，吸收投资总额128.48亿美元。其他数据详见表5-6。

---

① 本节数据来源于fDi Markets.
② 以2022年9月21日汇兑利率折算。

表5-6 巴西吸收农业对外绿地投资来源分布（2021年）

区域	绿地项目总数 （个）	投资总额（亿美元）	新增项目数（个）	新增投资额 （亿美元）
欧洲	242	128.48	11	4.71
北美洲	150	94.17	7	4.54
亚洲	47	35.97	3	1.21
南美洲	27	10.09	0	0
大洋洲	9	2.53	1	0.05
非洲	9	1.31	0	0
合计	484	272.55	22	10.51

来源：fDi Markets.

（3）国别分布。巴西吸收农业绿地投资总额最大的五个来源国分别为美国（81.44亿美元）、英国（27.64亿美元）、瑞士（25.65亿美元）、中国（13.55亿美元）和法国（12.67亿美元）。

（4）产业分布。截至2021年底，巴西累计吸收"农药化肥及其他农业化学品"行业绿地项目55个，总投资额31.94亿美元；粮食及油料种子行业绿地项目43个，投资总额23.98亿美元；农机行业绿地项目39个，投资总额22.03亿美元；奶制品行业绿地项目共18个，投资总额6.88亿美元；水产品行业绿地项目共8个，投资总额5.51亿美元；种植业绿地项目8个，投资总额1.60亿美元；畜牧养殖行业绿地项目8个，投资总额0.72亿美元。

（5）投资企业方面。巴西吸收海外涉农绿地投资总额最大的3家企业分别为雀巢、雷盛集团和美国皇冠集团。其他数据详见表5-7。

表5-7 巴西吸收海外涉农绿地投资来源企业情况（2021年）

序号	投资企业名称	投资总额 （亿美元）	绿地投资项目总数 （个）
1	雀巢	16.99	28
2	雷盛集团	10.58	6
3	美国皇冠集团	10.57	7
4	可口可乐	10.11	4
5	英美资源集团	10.00	1
6	安海斯-布希英博集团	9.66	11
7	嘉吉	9.27	19

（续）

序号	投资企业名称	投资总额 （亿美元）	绿地投资项目总数 （个）
8	美国波尔公司	8.72	5
9	喜力控股	8.53	8
10	来宝集团	6.54	3
11	菲亚特克莱斯勒汽车集团	6.13	4
12	ARD Holdings	5.38	4
13	Embotelladora Andina	5.36	10
14	马恒达集团（印度）	5.07	2
15	邦吉	4.69	7
16	Fomento Economico Mexicano (FEMSA)	4.58	4
17	英国石油公司	3.97	2
18	ADM	3.85	4
19	Albaugh	3.64	3
20	Grupo Calvo	3.52	2

来源：fDi Markets。

（二）阿根廷吸收农业投资情况

1.**基本农情**　阿根廷全国大部分地区土壤肥沃，气候温和，适于农牧业发展，是世界粮食和肉类重要生产和出口国。作物种植方面，主要是大豆、玉米、小麦、高粱、葵花籽等，2020—2021年度大豆和玉米产量分别为4 600万吨和6 050万吨；牲畜品种及畜牧水平在世界均占先进地位，畜牧业占农牧业总产值的40%；渔业资源丰富，2021年捕鱼量为78.19万吨。农牧业系阿根廷支柱产业，阿根廷农产品年出口额在360亿美元以上，约占其出口总额的70%。

2.**吸收涉农绿地投资情况**

（1）总量。截至2021年底，全球共有27个国家、119家企业设立的133家分支企业/机构在阿根廷开展涉农绿地投资，项目总数179个，投资总额99.76亿美元，在阿根廷创近4万个就业岗位。2021年，阿根廷新吸收涉农绿地投资项目12个，新吸收涉农绿地投资额4.40亿美元。

（2）区域分布。截至2021年底，阿根廷吸收农业绿地投资总额最大的区域是亚洲，绿地项目总数13个，吸收投资总额33.05亿美元。其他数据详见表5-8。

表5-8　阿根廷吸收海外农业绿地投资来源分布（2021年）

区域	投资总额（亿美元）	绿地项目总数（个）	新吸收绿地项目数（个）	新吸收投资额（亿美元）
亚洲	33.05	13	1	0.74
北美洲	29.86	67	1	0.06
欧洲	29.63	76	6	1.17
南美洲	6.80	20	3	2.14
大洋洲	0.36	2	1	0.29
非洲	0.06	1	0	0
合计	99.76	179	12	4.40

来源：fDi Markets

（3）国别分布。阿根廷吸收涉农绿地投资总额最大的五个来源国家分别为中国（30.77亿美元）、美国（24.44亿美元）、荷兰（9.93亿美元）、法国（5.6亿美元）和巴西（4.45亿美元）。

（4）产业分布方面。截至2021年底，阿根廷累计吸收种植业绿地项目9个，投资总额25.99亿美元；粮食和油料种子行业绿地项目23个，投资总额15.46亿美元；农机行业绿地项目11个，投资总额10.12亿美元；农药、化肥和其他农业化学品行业绿地项目18个，吸收投资总额6.6亿美元；动物屠宰与加工行业海外绿地投资项目10个，吸收投资总额5.45亿美元；奶制品行业海外绿地投资项目9个，吸收投资总额1.77亿美元。

三、国际组织和区域多边开发机构农业投资工作动态

（一）联合国机构

在联合国机构中，涉及农业投资相关的机构主要包括联合国粮农组织（FAO）、国际农发基金（IFAD）、世界银行集团（World Bank Group）和联合国贸易和发展会议（UNCTAD）等。

1.联合国粮农组织　联合国粮农组织作为联合国专门机构，致力于帮助发展中国家和转型国家对农业农村发展进行长期投资。截至2021年底，FAO与国际金融机构的合作利用了价值超过1 460亿美元的投资用于帮助发展中国家和转型国家进行农业农村发展。FAO投资中心（FAO Investment Centre）是联合国粮农组织实施技术援助和投资支持的主要机构。根据FAO投资中心2021年年度报告，2021年FAO投资中心共帮助设计37个国家的42个公共投资项目，总金额约71.55亿美元，同比增长9.1%。

2.国际农发基金　国际农发基金（IFAD）通过筹集资金，以优惠条件提供给发展中的成员国，用于发展粮食生产，改善人民营养水平，逐步消除农村贫困。截至2020年底，IFAD累计向1 142个

投资项目提供约222亿美元贷（赠）款，涉及农业开发、乡村发展、农村信贷、灌溉、畜牧及渔业等领域。非洲是IFAD重点援助区域，50%以上资金投向非洲[1]。

3.世界银行集团　世界银行集团（World Bank Group）是全球发展中国家资金与投资知识的最大来源之一。它包括五个共同致力于减少贫困、推动共享繁荣和促进可持续增长与发展的机构，即：国际复兴开发银行（IBRD），主要是向中等收入国家和信用良好的低收入国家的政府提供贷款；国际开发协会（IDA），以优惠条件向最贫困国家的政府提供融资；国际金融公司（IFC），提供贷款、股权投资和咨询服务并动员其他来源的额外资金，以刺激发展中国家的私营部门投资；多边投资担保机构（MIGA），向投资者和贷款机构提供政治风险保险和信用增级，以促进新兴经济体的外国直接投资；国际投资争端解决中心（ICSID），对投资纠纷提供国际调解和仲裁。到2021财年，世界银行集团承诺调动1 570亿美元资金用于保护贫困人群、扩大社会保障、支持企业以及保护和创造就业，同时帮助100多个国家紧急应对卫生危机和加强卫生体系[2]。2020年6月至2021年6月，世界银行集团共发放农林渔业贷款42.95亿美元，占其总贷款额的6.45%。

4.联合国贸易和发展会议　联合国贸易和发展会议（UNCTAD）是联合国大会常设机构之一，是联合国系统内综合处理发展和贸易、资金、技术、投资和可持续发展领域相关问题的政府间机构。其目标是扩大发展中国家的贸易、投资和发展机遇，帮助发展中国家面对全球化带来的挑战。UNCTAD发布的《2022年世界投资报告》显示，2021年FDI复苏为所有地区带来了增长。全球FDI增长的近四分之三来自发达国家，发展中经济体的外国直接投资流量的增长速度低于发达地区。

（二）区域多边开发机构

近年来，区域多边开发机构根植于区域发展条件和融资需求，在区域农业投资领域发挥作用。相关多边开发机构包括亚洲开发银行（ADB）、欧洲复兴开发银行（EBRD）、欧洲投资银行（EIB）、非洲开发银行（AfDB）、加勒比开发银行（CDB）、美洲开发银行（IDB）、伊斯兰开发银行（IsDB）、亚洲基础设施投资银行（AIIB）和金砖国家新开发银行（NDB）等。

1.亚洲开发银行　亚洲开发银行（ADB）创建于1966年，总部位于菲律宾首都马尼拉。其宗旨是通过援助发展农业帮助亚太地区发展中成员消除贫困，促进亚太地区的经济和社会发展。根据ADB发布的《2021年度报告：迈向绿色和包容性复苏》，2021年，ADB对各国政府和私营部门的承诺总额约228亿美元，涉及贷款、赠款、股权投资、担保和技术援助等。按照地区划分中西亚为51.93亿美元、东亚为20.34亿美元、太平洋地区为8.53亿美元、南亚为88.19亿美元、东南亚为55.79亿美元、其他地区为2.82亿美元。截至2020年底，ADB累计承诺硬贷款2 535.04亿美元、软贷款699.65亿美元、亚洲发展基金（ADF）赠款108.79亿美元、股权投资23.84亿美元、担保77.75亿美元、技术援助50.72亿美元、其他赠款8.7亿美元。从2020年业务规模（不含联合融资）看，

---

[1] 数据来源于中华人民共和国财政部国际财金合作司。
[2] 世界银行第104次发展委员会部长级会议公报，2021年10月15日。

前五大借款成员分别是：印度、菲律宾、印度尼西亚、中国、巴基斯坦①。2017—2021年ADB承诺金额中，农业、自然资源和农村发展部门承诺金额分别给予5个借款成员15.46亿美元、23.75亿美元、23.09亿美元、12.81亿美元和14.9亿美元。

2.欧洲复兴开发银行　欧洲复兴开发银行（EBRD）成立于1991年，总部设在伦敦。主要作用是帮助和支持中东欧地区等国家发展。EBRD发布的《传递数字红利：2021—2022年转型报告》强调弥合数字鸿沟、促进转型发展。EBRD注重构建数字化转型的基础，比如支持叙利亚政府农村方面的数字化项目，以减少其城乡差距。

3.欧洲投资银行　欧洲投资银行（EIB）成立于1958年，总部位于卢森堡，主要贷款对象是申贷国不发达地区的经济开发项目。从1964年起，贷款对象扩大到与欧洲共同体有较密切联系或有合作协定的国家，目前已成为欧盟主要融资机构。EIB关注项目领域包括创新与技能发展、中小企业发展、气候变化项目以及欧盟国家的战略性基础设施建设。业务区域集中在欧盟、申请加入欧盟的国家及欧盟周边，同时也活跃于非洲、加勒比地区、太平洋国家、亚洲和拉丁美洲。比如，自2018年以来，欧洲投资银行支持柬埔寨实现可持续发展。

4.非洲开发银行　非洲开发银行（AfDB）集团旨在促进非洲大陆的经济和社会发展，它由三部分组成：母机构AfDB，根据23个创始成员国于1963年8月14日在苏丹喀土穆签署的协议（此协议于1964年9月10日生效）成立。两个特许融资窗口：一个是非洲开发基金（ADF），由非洲开发银行和13个非洲以外的国家于1972年11月29日成立；另一个是尼日利亚信托基金（NTF），由尼日利亚联邦政府于1976年成立。AfDB的资金来源主要为成员国认捐，贷款对象为非洲地区组织，用途包括促进农业、交通、通信、工业、供水、公共事业、卫生、教育与私营投资发展。目前，AfDB重点关注5个优先领域，包括照亮非洲、养活非洲、整合非洲、工业化非洲以及提高非洲人民生活质量。近两年来，AfDB积极推动非洲农产品加工区和产业集群项目。

5.加勒比开发银行　加勒比开发银行（CDB）成立于1969年，总部设在巴巴多斯首都布里奇顿。该行的宗旨是促进加勒比地区经济的协调增长和发展，推进经济合作及本地区的经济一体化，为本地区发展中国家提供贷款援助。重点关注行业包括农业发展（如农产品加工）、教育、灾害防控与气候变化应对、饮水安全与卫生等。具体来看，在农业发展领域重点关注农业政策与管理、农业研究、农业水资源、出口作物和捕鱼业。目前开展的项目包括社区农业和乡村发展项目（海地）、甘蔗种植户应对自然灾害项目（伯利兹）、南部平原农业发展项目（牙买加）和气候智慧型农业（格林纳达）等。

6.美洲开发银行　美洲开发银行（IDB）成立于1959年，总行设在华盛顿，是美洲国家组织的专门机构。非拉美和加勒比国家不能使用该行资金，但可参加该行组织的项目投标。其宗旨是集中各成员国的力量，对拉美和加勒比国家的经济、社会发展计划提供资金和技术支持，并协助它们

① 数据来源于中华人民共和国财政部国际财金合作司。

为加速经济发展和社会进步做出贡献。截至2021年底，该行总股本为1 767.5亿美元。银行的一般资金主要用于向拉美和加勒比成员国家公、私企业提供贷款，年息通常为8%，贷款期10至25年。2021年贷款额为140亿美元。

7. 伊斯兰开发银行　伊斯兰开发银行（IsDB）成立于1974年，1975年开始正式面向客户营业，总部设在沙特阿拉伯的吉达，沙特阿拉伯、利比亚、阿联酋、科威特四国占有大部分股份。其宗旨和任务是：为成员国的经济和社会发展提供金融服务，对成员国企业进行股份参与，对经济和社会基础设施建设进行投资，向私人及公共部门贷款，援助非成员国的穆斯林共同体特别基金。重点关注科技创新、基础设施建设、教育、健康、人道主义救济和妇女发展。根据IsDB发布的《2021年度报告：超越恢复的韧性与可持续性》，其累计金融支持到2021年达33.6亿美元；2021年实施项目包括在乌干达的灌溉项目（8 000万美元）和尼日利亚的农产品加工区项目（1.5亿美元）。

8. 亚洲基础设施投资银行　亚洲基础设施投资银行（AIIB）成立于2015年，是首个中国倡议设立的多边金融机构，总部设在北京，法定资本1 000亿美元。其宗旨是通过在基础设施领域及其他生产性领域的投资，促进亚洲经济可持续发展、创造财富并改善基础设施互联互通；与其他多边和双边开发机构紧密合作，推进区域合作和伙伴关系，应对发展挑战。截至2021年12月，中国股份占比30.77%，投票权占比26.57%，为AIIB第一大股东。此外，中国还于2016年6月在AIIB发起成立项目准备特别基金（PPSF），用于支持低收入成员做好项目准备。根据AIIB《2021年度报告》，2021年AIIB共批准51个贷款项目，涉及金额共99.3亿美元。2021年，银行准备特别基金支持柬埔寨环境适应性灌溉与可持续农业发展项目，涉及资金达470万美元。

9. 金砖国家新开发银行　2013年3月，金砖国家领导人于南非德班会晤讨论成立金砖国家新开发银行（NDB）。2014年7月，金砖国家领导人在巴西福塔莱萨会晤，宣布将成立NDB。2015年7月，在金砖国家领导人莫斯科会晤期间NDB正式成立，同年7月21日NDB在上海正式开业。法定股本金1 000亿美元，初始认缴股本金500亿美元，在5个创始成员间平均分配，每个金砖国家认缴100亿美元，实缴比例为20%。

NDB宗旨是支持金砖国家及其他新兴经济体和发展中国家发展基础设施与可持续发展项目，作为现有多边和区域金融机构的补充，促进全球增长与发展。主要业务是通过贷款（主权或非主权）、担保、股权投资及其他金融工具为公共或私营部门项目提供支持；为支持的项目提供技术援助；在职能范围内与国际金融机构、商业银行或其他合适的实体为项目提供联合融资、担保或联合担保等。截至2021年11月底，NDB批准贷款金额约300亿美元①。

---

① 数据来源于中华人民共和国财政部国际财金合作司。

第六章

对外农业投资平台和企业
案例分析

本章通过分析示范区和企业案例的成效做法，为其他"走出去"企业提供经验借鉴。

一、境外农业合作示范区典型案例分析

2016年11月，中国农业部出台了《农业对外合作"两区"建设方案》，并于2017年认定10个境外园区为首批境外农业合作示范区建设试点。通过近几年实践探索，境外农业合作示范区在产业链建设和包容性发展等方面取得积极进展。现以中国-苏丹农业合作开发区为例，介绍境外农业合作示范区实践探索情况。

（一）中国-苏丹农业合作开发区发展历程

中国-苏丹农业合作开发区组织实施企业为中国山东国际经济技术合作有限公司（以下简称"山东外经"）。2008年，山东外经成为山东省最大的国有企业山东高速集团的全资子公司，是其"走出去"战略的平台和窗口。主营业务涵盖境外投资、国际承包工程等领域。山东外经依托承担援助苏丹农业技术示范中心项目的基础，在苏丹成立新纪元产业园经营有限公司，建立中国-苏丹农业合作开发区，涵盖科研、种植、加工、深加工等全产业链。

1.经济援助项目　援苏丹农业技术示范中心项目　2008年，山东外经与山东省农科院联合承担了中非合作论坛北京峰会援非8项举措项下的援苏丹农业技术示范中心项目，经过对项目的考察、论证、设计，2009年9月正式开工兴建。该项目于2011年3月竣工，6月完成对外移交。

2.海外农业投资　新纪元产业园经营有限公司　依托援苏丹农业技术示范中心的科研成果，考虑到苏丹良好的自然资源、大量可耕种的成熟灌区，在做好示范中心运营的同时，2012年4月，注册成立农业公司——新纪元农业发展有限公司，以棉花全产业链投资作为公司在海外大农业开发的突破口进行试验。2020年，新纪元农业发展有限公司进行了产业结构调整，并更名为新纪元产业园经营有限公司（以下简称"新纪元公司"）。

3.产业园区项目　中国-苏丹农业合作开发区　2015年12月，中非合作论坛约翰内斯堡峰会期间，在时任苏丹第一副总统巴克利的见证下，新纪元公司与苏丹农林部、苏丹拉哈德灌区共同签署建立中苏农业产业园区的协议；2016年9月23日，中国农业部部长韩长赋与苏丹农林部部长达赫里共同为"中国-苏丹农业合作开发区"正式揭牌（图6-1），中国-苏丹农业合作开发区项目正式启动；开发区立足于苏丹传统农业资源，搭建中苏农业资源利用合作公共服务平台，实现棉花、蓖麻、花生等农作物规模化种植以及畜牧业发展，开展农业全产业链经营。2017年8月，中国-苏丹农业合作开发区被认定为首批境外农业合作示范区建设试点；2019年12月，中国-苏丹农业合作开

图6-1　中国-苏丹农业合作开发区

发区入选山东省境外经贸合作区。2019年中国与苏丹建交60周年之际，中国驻苏丹使馆评选出中苏建交60周年两国合作具有代表意义的"十件大事"，中国–苏丹农业合作建立开发区被列入其中。

（二）中国–苏丹农业合作开发区的实践经验

通过多年建设，中国–苏丹农业合作开发区立足苏丹当地社会经济发展和农业资源条件，不断创新发展模式，持续推进项目建设，积极履行了应负的社会责任。

1.把握机遇创新发展模式　新纪元公司通过"公司＋灌区＋农户"的方式，整合当地土地资源，发展合作种植和订单农业，以出口加工为主的纺织园区为龙头，带动上游的种植和研发，提升当地农产品附加值，目前已建成每年10万亩以上的棉花、花生、蓖麻等作物的种植、加工、深加工和纺织原料出口园区基地，建设畜牧及油料作物加工基地，推动上游农业科技、农资贸易、农机服务及下游农产品生

播种	锄草	法乌镇良种基地
棉花良种繁育	棉农收获	籽棉堆垛
棉花加工	棉花加工后存放	棉花运输

图6-2　中国–苏丹农业合作开发区全产业链开发展示图

产加工，打造境外农业全产业链，带动中国农业机械、农资、农产品加工设备"走出去"（图6-2）。

2.开展全产业链经营　新纪元公司在当地建立了4万亩棉花良种繁育基地，购置农机设备，从土地整理备播、播种、田间管理到收获，全程实现机械化。已建成投产皮棉轧花厂3座，年生产加工皮棉可达5万吨；建成种子加工厂2座，年加工棉花种子1 500余吨，占全苏丹规模化棉花种子加工总量的60%以上。此外，公司建设了剥绒车间、农机维修车间、仓储区、生活区、办公区和种植营地等配套设施，开展棉花种植加工配套服务、农资贸易、农机服务等多种经营（图6-3）。

图6-3　苏丹当地政府工作人员参观棉花加工厂

3.抓科研提供技术支撑　开发区每年不断提高科研资金的投入，积极引入外部技术，不断整合国内外科研力量，与中国多家农业科研单位合作，先后派遣国内多批次专家赴现场开展科研工作，同时加强与苏丹当地农业部、生物安全委员会、农科院等相关部门之间的合作，共同培育、引进新的适合当地的农作物品种。新纪元公司与山东省农业科学院联合实施的中国援苏丹农业技术示范中心自运行以来，协助苏丹政府完善了作物品种安全评价体系，多个作物新品种通过了苏丹国家审定，研发的棉花品种"中国1号"及棉花栽培技术在苏丹推广应用。

4.包容发展回馈当地社会　积极开展多种经营，推动园区建设，努力实现经济效益和社会效益双丰收，新纪元公司于2015年开始在当地开展对外收购籽棉业务，极大调动了当地农户种植棉花的热情，棉花收购价格逐年增高，当地合作农户收益逐年增加，成功带动了周边农户合作种植与自主种植棉花的积极性（图6-4）。开发区棉花种植每年带动当地十几个村2 500多个农户致富，解决了30 000多人的就业问题。联合国粮食计划署

图6-4　苏丹本地农民参与项目

（WFP）2018年把新纪元公司在苏丹合作项目列为非洲人为非洲人做示范项目（DAA）试点。同时，公司在苏丹当地积极履行社会责任，积极开展海外公益活动，回馈当地社会，于2016年开始在当地成立了专项扶贫基金，用于帮助当地政府完善基础设施建设，帮助当地改善村容村貌，修建学校、医院等公益事业。2020年1月，中国驻苏丹使馆向公司颁发了"2019—2020年度在苏中资机构履行社会责任突出贡献奖"。

二、企业对外农业投资案例[①]

（一）中粮集团对外投资案例

1. 案例概况

（1）公司简介。中粮集团成立于1949年，历经70余年发展，中粮集团从一家专营粮油食品进出口的政策性贸易公司，成长为集农粮、食品、地产、金融等多个业务板块于一身的国际化农业企业，包括以农粮和食品为主线的17个专业化公司。2021年集团营业总收入超6 600亿元，资产和业务覆盖140多个国家和地区。2021年中粮国际（指中粮国际有限公司）海外经营规模超过1.1亿吨，海外整体员工超过1万人，目前，中粮集团已经成为阿根廷第一大粮油进口商，巴西第一大对中国大豆出口商（图6-5）。

2022年，中粮集团农粮业务经营量达1.8亿吨，成为构建全球农粮产业链的深度参与者、畅通全球农粮供应链的坚定推动者。

图6-5　巴西桑托斯港T12码头

（2）投资历程。中粮集团最初主要从事谷物、油脂油料、糖、肉、棉花等大宗农产品的国内采购、储存、加工、运输和贸易。2014年，中粮集团和中国投资有限责任公司建立农粮海外战略平台——中粮国际有限公司（简称中粮国际，总部设在瑞士日内瓦），主要负责中粮集团农粮业务的海外统一采购、调配、投资和发展。同年，中粮国际联手厚朴投资、世界银行旗下国际金融公司、淡马锡、渣打私募股权投资等国际顶级投资机构，分别并购尼德拉（指尼德拉集团）、来宝农业有

---

① 感谢南京农业大学经济管理学院谢超平副教授、虞祎副教授及研究生李宇琦、王雪琦、励梦丹、张天一、何萌佳、刘芳协助撰写案例，感谢中粮集团、安徽农垦和佳北集团对本案例编写工作的支持。

限公司两大国际知名粮油生产和贸易公司。

　　经过多年发展，中粮国际资产和业务已覆盖全球50多个国家和地区，在37个国家设立子公司和办事处，深入南美洲及北美洲、欧洲和大洋洲等产区，在巴西桑托斯、阿根廷罗萨里奥、美国圣路易斯、乌克兰尼古拉耶夫、罗马尼亚康斯坦察等全球重要粮食出口和内陆物流节点拥有中转基地（图6-6至图6-8）。中粮国际对外投资主要事件详见表6-1。

表6-1　中粮国际对外投资主要事件

时间	事件
2014年2—10月	完成对来宝农业有限公司和尼德拉集团51%的股权收购
2014年底	全资收购罗马尼亚康斯坦萨港粮食出口码头
2015年12月22日	收购来宝农业有限公司剩余49%股权，改名为中粮农业
2016年5月	在乌克兰投资建设的尼古拉耶夫海运商业港DSSC码头投入运营
2017年2月28日	中粮集团获得尼德拉集团100%的股权
2017年7月	在符拉迪沃斯托克设立中粮远东有限公司
2018年12月	在中葡两国元首的共同见证下，葡萄牙波尔图区建立中粮国际共享服务中心
2020年3月	与ADM、邦吉等公司共同发起农业区块链公司Covantis
2021年	建成罗马尼亚卡拉法特筒仓
2022年	成功竞标巴西桑托斯STS11码头25年特许经营权

图6-6　阿根廷提布斯产业园

图6-7　罗马尼亚康斯坦萨港口

图6-8　巴西索里索和罗马尼亚卡拉法特筒仓

2. 发展的关键因素

（1）联合多方资源，促进企业发展。中粮集团联合多家企业共同投资，综合利用其资金、人才等资源，促进其在国际市场的发展。

（2）加强并购后资源整合，实现统一管理。中粮实施并购之前，尼德拉和来宝农业持续多年处于亏损状态。据此，中粮国际派驻国内高管团队对中粮农业董事会和尼德拉监事会进行改组，掌握公司治理的主导权，严格管理项目运行成本，减少亏损。对于长期亏损的项目，中粮国际果断处置、快速摘除，及时调整业务资源结构，提升企业运营效率。此外，中粮国际吸取并整合中粮农业和尼德拉管理模式的优点，根据自身业务特点，完善"产品＋区域"矩阵式管理模式，实现不同地区、不同产品的精准运营。

（3）强化物流建设，增强产业链韧性。仓储物流是联系生产与消费的重要环节。中粮国际收购来宝农业有限公司、尼德拉集团（两家企业主要资产分布在巴西、阿根廷、黑海地区、印度尼西亚等粮油核心产区）后，充分利用其在黑海地区罗马尼亚康斯坦萨港、乌克兰尼古拉耶夫港口粮食出口码头的转运能力，不断改造仓储设备，构建全球主要粮食生产区域和消费市场之间的对接渠道，提高资源配置效率，保障粮食安全。

（4）广纳优秀人才，助力企业国际化。2015年起中粮集团便通过全球遴选，陆续聘请一批专业人员帮助企业运营海外业务。此外，中粮国际总部地处瑞士日内瓦也为打造国际化的人才团队创造了良好条件。

3. 经验借鉴与启示

（1）提升资源整合能力。提升资源整合能力是企业实现"走出去"的首要因素。企业自身资源是有限的，而境外投资过程中暗藏着来自世界各国的竞争和诸多风险，依靠单个企业的力量，难以应对复杂的海外投资环境。因此企业在海外投资过程中，不仅要审视提高自身实力，还应积极寻求国际金融、投资等领域的合作伙伴，不断提升资源整合的能力，综合运用外部资源，有效实现互利共赢。

（2）加强企业协同治理。加强企业协同治理，是应对"走出去"面临的各种风险挑战的重要手段。由于海外企业的经营模式、管理方式、企业文化等与国内企业相比，差异较大。因此，中国农业企业以并购的形式进行海外投资后，应从经营战略、人力管理和文化理念等方面进行整体的规划，对现有优势资源进行整合，创新适合本国、目标国，同时适合本企业、并购企业的运营模式，实现企业的相互融合、优势互补，提高整体竞争力。

（3）强化产业链配套布局。粮食物流体系是连接粮食生产和消费的产业链重要环节，加大仓储物流建设有助于畅通国际粮食物流通道，降低海外粮源回运成本，实现粮食供方和需方的精准对接。因此，中国农业企业在制定经营战略时应该突出多链并行发展，发挥协同效应。

（4）吸收高质量国际人才。拥有国际化人才资源是企业"走出去"可持续发展的活水源泉。企业国际化经营离不开全球市场的国际化人才支撑，高质量的国际人才是缩短企业与东道国距离的重要因素，也是帮助企业应对复杂多变的国际市场的关键动力。因此，对于国际化发展的农业企业来说，应不断提高管理层领导素质，以国际化的眼光调整企业内部人才结构，拓展国际人才引进渠道，完善人才培训机制，实现企业国际化稳定发展。

（二）皖津公司案例

1.案例概况

（1）公司简介。安徽农垦是安徽省规模最大的国有现代农业企业，业务以种植业为主。企业现已形成了以现代农业为核心，种植业、养殖业、加工业、农业服务业、茶林果特色产业为五柱，房地产和金融业为支撑的"一核五柱两支撑"产业格局。截至2021年底，资产总额达到300多亿元。

2010年，安徽农垦与津巴布韦政府在津巴布韦注册成立津-中皖津农业发展有限公司（简称皖津公司），共同投资开发津巴布韦土地资源。皖津公司以种植业为核心，主要种植大豆、小麦、玉米、烟草，以及少量马铃薯等农作物；生产的农产品，尤其是粮食作物将统一销售给当地的粮食收储部门——粮食流通委员会（Green Marketing Board，以下简称"GMB"）。自项目开展以来，安徽农垦对皖津项目累计投入资金近1亿元，帮助津巴布韦生产粮食13万吨，带动稳定就业1 000余人、季节性用工2 000余人。此外，为帮助津巴布韦农业现代化转型，安徽农垦加大对其农场水利、农机等基础设施投入。截至2021年底，皖津公司从国内采购大马力拖拉机、新型收割机、大型喷灌机等农业机械100多台套、化肥2 000多吨等，在当地实现全程机械化农业作业，使土地单产平均提高3~5倍（图6-9）。

（2）援助和投资历程。2010年，安徽农垦履行国家对非援助战略，与津巴布韦政府合作成立皖津公司。根据协定，皖津公司在津巴布韦首期开垦土地5 000公顷，包括代耕农场一个、接管农场三个，其中两个农场由皖津公司经营、另一个作为示范性农场由中方独立经营。

2011年，投资第一年，皖津公司试种的小麦、大豆、玉米等农作物获得丰收，其中小麦平均产量达5吨/公顷，在当地起到了良好的示范作用。

2012年安徽农垦与津巴布韦农业合资项目二期开发合同签约，农作物种植面积扩大至5万公顷。安徽农垦于2013年作为发起单位，召集27家安徽企业，成立"皖企赴津巴布韦合作开发联盟"（简称联盟）；成员企业以联盟为平台赴津巴布韦投资，安徽农垦主要为联盟企业提供咨询和相关便利化服务（图6-10）。

图6-9　皖津项目主要农作物种植现场

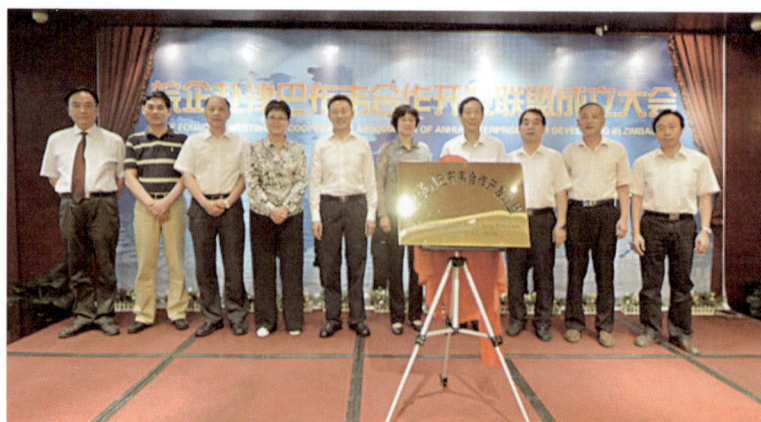

图6-10　皖企赴津巴布韦合作开发联盟成立大会

2015年，安徽农垦在中国国内投资建设津巴布韦经贸合作区，以农业种植为主体，向农业上下游产业链延伸，涉及农产品加工、仓储物流等领域。近三年来，安徽农垦继续加强对皖津公司基础设施改善，从国内采购了近30台指针式喷灌机并投入使用。安徽农垦对外投资历程详见表6-2。

表6-2　安徽农垦对外投资主要事件

年份	事件
2010	与津巴布韦国防部合资在津成立皖津农业发展有限公司
2011	安徽农垦农业投资开发有限公司成立
2012	安徽农垦与津巴布韦农业合资项目二期开发合同签订
2013	由安徽农垦发起的皖企赴津巴布韦合作开发联盟在合肥成立
2015	安徽农垦皖津项目晋升省级境外经贸合作区
2018	确立"巩固提升，再谋发展"的工作方针

2. 发展的关键因素

（1）依托当地资源，确定针对性发展战略。基于前期充分且深入的调研，皖津公司结合自身业务特点，设计了针对津巴布韦自然资源特点的个性化解决方案，并取得了良好效果。

（2）完善基础设施，保障项目可持续发展。皖津公司初到津巴布韦时，面临农业、农机、水利和电力等基础设施薄弱以及农业生产效率低下等挑战。为改善农业生产条件，皖津公司从国内购入大型拖拉机、收割机、大型喷灌机和化肥等农业生产资料，随着国内农业科技的发展进步、农业设施的创新改进，皖津公司投入到津巴布韦的农业设施也在不断更新换代。皖津农场的农业生产机械化率达100%，效率极大提高，产量也快速增长。其他基础设施投入详见表6-3。

表6-3　安徽农垦对津巴布韦基础设施投入

年份	基础设施投入
2011	微喷机组1套、泵站14台、水泵7台、开关柜1组及其他配套设备；各种型号拖拉机33台、挖掘机1台、农业耕作机械76台，拖车22台及其他设备，收割机、配件等
2012	玉米收割机2台、收割机配件等
2013	拖拉机8台、播种机5台、打药机3台、重耙4台、拖斗6台、喷雾器10台、修理工具1套，农药、配件等
2016	喷灌机2台、拖拉机1台、水泵及农机配件
2017	喷灌机4台、摩托车4台及农机具配件等

（续）

年份	基础设施投入
2018	喷灌机4台、1台1804拖拉机、5台喷灌机及配件、电缆等，喷灌机10台及配件等
2019	挖掘机1台、装载机1台、渣土运输车1台、100吨地磅1台、玉米收割机1台、割台若干台等
2020	尿素150吨、复合肥150吨、离心泵1台、拖拉机若干台及收割机配件等
2021	玉米割机1台、割台2台、拖拉机2台、清粮机1台、小麦播种机5台，收割机若干台、拖拉机若干台、重耙若干台及配件等

目前皖津公司正在所属穗喜农场投资建设光伏发电提水灌溉项目，装机容量1.14MW的光伏系统可以孤网运行，亦可并网运行，孤网运行时可以为农场的6台水泵进行供电以保证白日喷灌。项目建成后将在很大程度上帮助皖津公司克服在津巴布韦用电难的问题，并为中非农业合作领域提供新的经验（图6-11）。

图6-11 穗喜农场光伏发电提水灌溉项目

（3）加快知识转移，提高当地自主发展能力。皖津公司聘请中国农业专家，培训津巴布韦本土员工在大田整地、播种和喷灌等方面的技能，针对高效作物项目聘请当地技术顾问指导农业生产。另外，皖津公司还依托与津巴布韦奇诺依大学及中国的扬州大学、安徽省农业科学院以及中国农业大学合作，为津巴布韦培养了大批农业领域的专业人才（图6-12）。

图6-12 皖津公司培训项目现场

除了技术培训，皖津公司还开展管理培训，对津巴布韦员工采取激励措施，提升本土管理人员能力，实施连产连本连责的计酬方式，将工资与绩效挂钩。在这种激励框架下，2021年有100多名一线员工获得了奖励。

（4）提升产业链价值，增强受援国引资能力。项目初期，皖津公司生产出的农产品大多以初级产品或粗加工后的制成品为主，这类农产品附加值低，企业处于收益链的最底端。产业链的不完整也导致企业市场竞争力和农业生产保障能力不强，抵御市场风险的能力较弱。为摆脱这一困境，皖津公司牵头成立"皖企赴津巴布韦合作开发联盟"，为津巴布韦成功吸引了更多投资，形成了良好的经济效应，并推进了当地农业产业链的完善，促进了行业的良好发展。产业链的完善帮助促进当地农业生产的专业化、规模化、商品化、产业化、社会化、市场化、一体化和可持续化的发展，孵化出越来越多的社会部门和产业部门，直接和间接地促进社会分工的发展，提高农业劳动生产率，有利于援助项目的持续稳定发展。

3.经验借鉴与启示

（1）援助策略——因地制宜。安徽农垦经过深入调研，明确适宜津巴布韦种植的优势农作物，立足企业主营业务进行精准种植，在高效解决当地饥饿问题的同时，还为企业带来了经济利益。因此，建议中国企业在进行对外援助时充分考虑自身长处和东道国的资源优势，将投资与援助有机结合，提高对外援助成功的概率和效益。

（2）援助目的——授人以渔。在对外援助过程中，企业需要定期对员工进行文化、技术、管理等方面的培训以及加强当地基础设施建设。安徽农垦不仅通过培训当地员工传授先进的技术，提高生产效率，还把中国现代化的农机输出到欠发达地区，提升了农业基础设施水平，带动了农资出口。因此，为了提高受援国长期可持续发展的能力，一方面中国农业企业要重视专业化人才的培养；另一方面企业应积极完善东道国基础设施建设，确保受援国农业能够长期自主发展。

（3）援助方向——与时俱进。在决定对津巴布韦进行援助后，安徽农垦结合津巴布韦的社会需求及企业自身的发展目标，确定了双方从农资贸易、经济作物种植、粮食增产技术运用、农机具贸易以及农业科研交流等方面开展合作以实现互利共赢的援助方向，并在后续的援助过程中根据不断变化的市场环境做出侧重调整。农业援助企业在投资过程中，应以长远的眼光看待当下的企业发展问题，在多变的环境中明确自己的侧重方向，保证企业发展路径与方向保持一致，以此促进自身的稳定与长远发展。未来安徽农垦计划与援非项目进行更深层次的融合，将皖津项目纳入南南合作框架下，进一步提升项目水平和能力。

（三）佳北农业对俄农业投资案例

1.案例概况

（1）公司简介。佳北农业（全称佳沃北大荒农业控股有限公司，简称佳北农业）成立于2015年11月27日，公司主营海外农业产业投资、国际农产品贸易以及品牌农产品业务，总部位于哈尔滨。佳北农业由北大荒股份、联想控股佳沃集团、九三集团和智恒集团四家企业共同出资设立。其中北大荒集团是佳北农业最大的股东，在全球农业种植和加工领域均处于领先地位。佳沃集团在东南亚、南美等近40个国家和地区开展业务。智恒集团是一家专业深耕俄语语系国家的国际化企业，在海外经营方面具有丰富的实践经验。借力股东的产业资源和市场经验，佳北农业在俄罗斯开展农业经营活动具有得天独厚的条件（图6-13）。

图6-13　佳北农业股权结构及各股东情况

为整合俄罗斯农业资源，2018年，佳北农业在俄罗斯设立全资子公司——佳北远东，开展农业种植、农产品贸易、物流运输和港口转运等业务。经过多年发展，佳北远东通过充分的调研论证，深耕本土的经营模式，促进对金融保险工具的综合应用以及政府之间的良性互动，有效缓解了疫情和乌克兰危机的影响，克服了基础设施不完善和资金短缺等问题，现已成为俄罗斯远东地区最大的农业集团公司之一。其他主营业务详见图6-14。

（2）投资历程。佳北农业成立于2015年，2018年初确定了进军俄罗斯、北向开发农业资源的新战略。佳北农业确立了深耕远东、完善当地基础设施建设、打造农业综合运营商的投资战略，设立了佳北远东控股（图6-15）。

- **谷物类**：大豆、玉米、小麦、大麦等
- **油籽类**：菜籽、葵花籽、油类和粕类
- **海产类**：帝王蟹、狭鳕鱼等

中俄农产品贸易

海外产业投资
- 海外农业种植
- 仓储物流基础设施
- 粮食初加工
- 港口码头运营

品牌农产品业务
- 沃之稻、佳之稻
- 平安稻、利沃芙兰
- 沃之伴侣

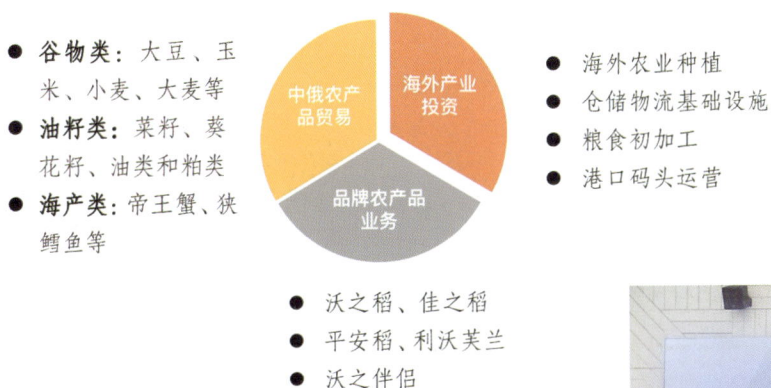

图6-14 佳北农业主营业务

图6-15 佳北农业与远东发展部签署战略合作协议

　　佳北远东控股成立后，利用远东地区独有的"超前发展区"和"自由贸易港"等经济特区优惠政策，先后建立远东滨海、远东耕地、远东物流、俄罗斯贸易多家公司，分别从事农业种植、土地租赁、运输物流、港口粮食转运、农产品出口贸易等业务。从2019年起，佳北远东控股滨海公司在滨海边疆区购置优质耕地，种植品类为大豆、玉米和大米，除大米在俄罗斯本地销售外，大豆和玉米分别出口中国和日本。为增强粮食出口运输能力，佳北远东控股于2020年组建了远东地区规模最大的粮食汽车运输物流车队，并在远东两个重要港口——符拉迪沃斯托克和扎鲁比诺港购置仓储和装船设施，提供农业配套服务。2021年，佳北远东控股进一步延伸产业链，在滨海交通枢纽中心乌苏里斯克收购并扩建粮食仓储、烘干、清筛和装卸粮仓综合体（图6-16、图6-17）。

图6-16 佳北远东控股远东农场农机作业现场

图6-17　佳北远东控股远东烘干转运设施

2. 发展的关键因素

（1）充分开展调研，确保项目落地落实。实施产业海外布局要了解当地市场情况、法律法规以及文化差异。佳北农业在成立之初便组建了专业的法务团队、战略投资团队和跨国财务经营团队，深入了解俄罗斯农业的投资环境、营商环境和东道国投资政策等，分析研判投资模式和风险，并初步制定了在俄建立全产业链的投资计划。在项目开展初期，股东不仅在产业链建设上提供了资金支持，而且在农业种植技术、政商资源整合、本土化管理方面也提供了帮助。佳北农业在俄的出色表现，荣膺由俄政府颁发的2021年远东之星"最佳外国投资者"主奖，成为首家获此殊荣的中资企业。

（2）落实本土化策略，提高工作效率。在实施本土化的过程中，佳北农业尤其注意依据地情民情来调整经营和管理方式。佳北农业90%的雇员来自当地。为减少由于文化背景差异带来的管理协调成本，公司建立了符合当地实际的KPI考核制度。公司的核心岗位上，既有来自股东智恒集团且拥有多年俄语区业务经验的中方管理人员，也有原俄罗斯友谊集团CEO的俄方管理人员，形成了中俄混合的"三明治"管理模式。此外，公司也注重本土人才培养，为优秀上进的员工提供学习与进修的机会，努力打造复合型人才。多管齐下，有效提高了公司的工作效率。

（3）善用金融保险工具，加强财务风险管控。在新冠肺炎疫情和乌克兰危机的持续影响下，农药、种子、通关费用的价格上涨加大了企业的运营成本。佳北农业同俄罗斯当地融资机构积极合作，获得俄罗斯农业银行以及滨海边疆州地方商业银行提供的非担保贷款（图6-18）。公司同中国出口信用保险公司（以下简称"中信保"）积极推进"银行＋信保"的融资模式，解决未来可能出现的资金短缺问题。为保障股东在海外资产的相关权益，公司向中信保投保了海外投资保险。为降低自然灾害等不可抗力因素对农业生产的

图6-18　佳北农业与俄罗斯农业银行签署项目融资协议

影响，公司还购买种植保险，也得到了俄政府的保险补贴。

（4）树立良好形象，争取优惠政策。作为中资企业，佳北农业成立之初无法享受到俄罗斯的本国企业待遇，运营成本较高。为减少资金压力，佳北农业在俄罗斯合法合规经营，以人文友好的企业运营理念，在当地获得系列好评，从而享受到了居民企业同等待遇的政府财政补贴支持。公司组建了专业的跨国管理团队和熟悉东道国当地法律法规的法务团队，及时缴纳税收并避免出现违法违规行为，同监管机构和政府部门保持良好互动，积极承担包括提供就业岗位、赞助教育基金、修缮幼儿园等活动在内的多项社会责任。此外，公司致力于在行业内树立专业、诚信、高效的企业形象，在 2020 年初全球新冠肺炎疫情突然暴发之时，佳北远东控股克服人员、物资流动受管制等问题，高质量完成土地春播作业，被多家当地媒体报道。基于诚信合规经营和积极履行社会责任树立起的良好企业形象，佳北远东控股得到了东道国政府及当地民众的信任，获得了俄罗斯政府提供的农业补贴、专项低息贷款、快速退税等一系列优惠政策。

3. 经验借鉴与启示

（1）认真规划，努力将计划落地落实。企业在进行投资决策前，基于政府信息服务平台整理目标国家投资环境、投资政策等多方面的资料和报告，并且结合本企业投资优势进行实地调研。通过多方面调研判断项目投资的风险和可行性，避免盲目投资。同时，佳北农业"走出去"经验表明企业可以通过进出口银行、国家开发银行等获取相关的对外农业投资贷款，也可以通过寻求贸易伙伴，共同出资、共享收益、共担风险。在计划执行过程中，企业需密切关注农业政策和市场行情变化，及时调整业务布局和阶段性目标，循序渐进、稳扎稳打，将计划落到实处。

（2）努力提升企业信用，为融资提供便利条件。长期以来，"融资难，融资贵"是困扰中小企业"走出去"最大的障碍。企业在长期生产经营过程中，不同融资方式给企业带来的效率和成本也是不一样的。企业应积极把握政策红利，将商业信用作为企业债务融资的替代性方式，提高企业资金使用效率，降低融资成本。佳北农业"走出去"经验表明，让金融机构与企业达成合作以及建立双方的信用机制十分关键。为此，企业应当利用战略契机，扎实做好信用体系建设，完善自身经营模式，探索符合两国利益的合作模式。

（3）全面提升抗风险能力，加强风险防控。我国"走出去"企业需警惕风险防控这一问题。首先，跨国企业应提高风险防范意识，正确进行风险评估和风险控制。面对市场准入和营销风险，企业应组建具备丰富经验的人才团队，做好前期调研，厘清市场中可能存在的阻力并制定解决策略；面对资金风险，企业应借助政府力量，综合应用金融保险，保障资金安全。其次，公司应科学合理购买各类投资保险，综合运用金融保险工具，以应对各类突发情况。最后，企业应尽可能与国内外优质的合作伙伴"抱团出海"，增强风险抵御能力。

（4）实行本土化，打造复合型人才。本土化是跨国企业提高海外生存能力、快速融入当地的重要途径。佳北远东控股在投资过程中的人才和管理本土化值得借鉴。第一，企业更多利用当地人才，雇佣熟悉法务、财税的专业人才，为公司更快融入本地争取更多的发展机会。第二，注重人才培养，为员工提供更多的学习交流机会，从内部培养更多既懂语言又懂专业，而且认可公司发展理念的复合型人才。第三，充分尊重当地的风俗和习惯，为员工创造团结协作、融洽相处的良好工作氛围和环境。第四，尊重东道国文化习俗，建立企业本土化管理和差异化激励机制，避免因文化摩擦带来的经营损失。

（5）全产业链经营，提升产业链韧性。佳北远东控股海滨公司在远东建立了集种植、仓储、初加工、物流、港口装运、贸易为一体的农业垂直全产业链运营模式，有效规避单一产业链环节经营带来的风险。全产业链经营对抵消新冠肺炎疫情、俄罗斯出口关税调整、乌克兰危机等外部因素影响，提升价值链具有重要作用。当然，建立全产业链同时也会存在资金风险高、管理成本大等问题。因此一般而言，具备核心产品和完善供应链，以及雄厚资金是企业布局全产业链的必要条件。企业应根据自身的实力及投资国具体情况有针对性地开展投资活动。

后记

　　《中国农业对外投资分析报告》自2013年面世以来已历经10个春秋，农业对外投资存量信息和采集企业数量从2012年底的37.13亿美元、379家，增长到2021年底的271.15亿美元和1 120家，报告见证了中国农业对外投资企业的不断发展壮大历程。《中国农业对外投资分析报告》的结构和内容一直根据信息搜集指标的调整、政策研究的需要而不断丰富和改进，尤其是本年度报告，进行了较大的结构调整，增加了全球农业对外投资背景、企业案例、省份案例、其他国家对外涉农投资案例等内容。希望本报告能为政府决策、学者研究、企业决策提供参考和借鉴。

　　本报告基础数据由全国31个省（直辖市、自治区）、新疆生产建设兵团和北大荒农垦集团、广东省农垦总局信息采集机构完成。感谢各省农业农村厅外事部门、信息采集单位，以及农业对外投资企业对信息采集工作重视和大力支持。感谢安徽、上海、江苏、云南等省（直辖市）农业农村主管部门提供案例资料，感谢中粮集团、安徽农垦、山东外经、佳北农业提供案例支持，感谢南京农业大学谢超平及团队协助撰写企业案例。

　　本报告主要有六章内容，由耿建忠、于敏、陈玮奕、陈祥新、尹春森、田影等共同撰写完成。编写团队努力结合农业对外投资工作进行了创新性思考和探索，但由于数据量大、涉及面广，以及编者知识水平所限，在报告中难免出现疏漏和不足，恳请读者不吝批评指正。

编者

2023年2月

附　录

附录1：中国农业对外投资合作数据汇编（2022年）

一、中国农业对外投资总体情况

（一）总体情况

附表1-1　中国农业对外投资总体情况（2021年）

年份	投资流量（亿美元）	投资存量（亿美元）	企业数量（个）
2021	16.62	271.15	1 120

（二）投资流量

附表1-2　中国农业对外投资流量产业类别情况（2021年）

产业类别	投资流量（亿美元）	百分比（％）
粮食作物	3.54	21.30
经济作物	2.93	17.63
畜牧业	3.97	23.89
林业	0.29	1.74
渔业	0.17	1.02
农资	3.85	23.16
其他	1.87	11.25
共计	16.62	100.00

附表1-3　中国农业对外投资流量区域分布情况（2021年）

大洲名称	投资流量（亿美元）	百分比（％）
亚洲	8.00	48.13

特别说明：①附录1的表中"—"表示该项数据虽进行了统计，但未获得有效数据。②2019年数据本年度有调整，本书以本年度调整后数据为准。

（续）

大洲名称	投资流量（亿美元）	百分比（%）
欧洲	4.98	29.96
大洋洲	2.97	17.87
非洲	0.39	2.35
南美洲	0.11	0.66
北美洲	0.17	1.02

附表1-4　中国农业对外投资流量前十位的国家（2021年）

序号	国家	投资流量（亿美元）	百分比（%）
1	瑞士	4.43	26.65
2	新西兰	2.61	15.71
3	印度尼西亚	2.13	12.84
4	以色列	1.65	9.95
5	老挝	1.05	6.32
6	缅甸	0.88	5.30
7	新加坡	0.86	5.16
8	泰国	0.53	3.18
9	俄罗斯	0.38	2.30
10	澳大利亚	0.34	2.03

（三）投资存量

附表1-5　中国农业对外投资存量产业类别情况（2021年）

产业类别	投资存量（亿美元）	百分比（%）
粮食作物	81.39	30.02
经济作物	55.14	20.33
畜牧业	43.19	15.93

（续）

产业类别	投资存量（亿美元）	百分比（%）
林业	16.94	6.25
渔业	14.75	5.44
农资产业	12.11	4.47
其他	47.62	17.56

附表1-6　中国农业对外投资存量区域分布情况（2021年）

大洲名称	投资存量（亿美元）	百分比（%）
亚洲	116.98	43.14
欧洲	76.02	28.04
大洋洲	38.30	14.13
南美洲	17.50	6.45
非洲	17.00	6.27
北美洲	5.35	1.97

附表1-7　中国农业对外投资存量前十位的国家（2021年）

序号	国家	投资存量（亿美元）	百分比（%）
1	瑞士	54.04	19.93
2	印度尼西亚	22.62	8.34
3	老挝	22.59	8.33
4	澳大利亚	19.88	7.33
5	新西兰	15.75	5.81
6	以色列	15.26	5.63
7	巴西	13.93	5.14
8	新加坡	11.53	4.25
9	缅甸	9.09	3.35

序号	国家	投资存量（亿美元）	百分比（%）
10	法国	7.89	2.91

二、中国农业对外投资区域情况

（一）整体投资情况

附表1-8　中国农业对外投资覆盖情况（2012—2021年）

年份	投资国家和地区数（个）	投资覆盖率（%）
2012	71	28.98
2013	80	34.69
2014	85	38.30
2015	95	42.40
2016	107	47.80
2017	100	44.82
2018	102	43.78[①]
2019	106	45.49
2020	108	46.35
2021	117	50.21

注：①投资覆盖率＝投资国家（地区）数／全世界国家（地区）总数×100%，2018年世界上国家（地区）总数与2017年相比有所增加，因此2018年的覆盖率稍低于2017年。

（二）在各大洲投资情况

1. 中国在亚洲投资情况

附表1-9　中国在亚洲农业投资情况（2012—2021年）

年份	投资流量（亿美元）	投资存量（亿美元）	企业数量（家）
2012	—	10.59	190
2013	4.23	14.33	202
2014	10.80	29.80	270

（续）

年份	投资流量（亿美元）	投资存量（亿美元）	企业数量（家）
2015	25.55	64.38	267
2016	17.10	86.70	382
2017	7.49	64.62	473
2018	7.19	75.52	495
2019	61.05	135.06	546
2020	10.12	149.78	567
2021	8.00	116.98	609

附表1-10　中国在亚洲农业投资产业类别情况（2021年）

产业类别	投资流量（亿美元）	投资存量（亿美元）	企业数量（家）
粮食作物	0.72	5.15	108
经济作物	2.75	40.37	175
畜牧业	1.50	20.98	43
林业	0.08	15.02	7
渔业	0.01	3.64	51
农资产业	1.70	8.89	47
其他	1.24	22.93	178

2.中国在欧洲投资情况

附表1-11　中国在欧洲农业投资情况（2012—2021年）

年份	投资流量（亿美元）	投资存量（亿美元）	企业数量（家）
2012	—	14.20	73
2013	2.39	5.71	97
2014	15.49	8.86	80
2015	3.53	23.37	139
2016	3.27	27.50	136

（续）

年份	投资流量（亿美元）	投资存量（亿美元）	企业数量（家）
2017	7.08	58.41	115
2018	11.16	71.32	123
2019	3.66	70.30	143
2020	8.04	76.05	117
2021	4.98	76.02	140

附表1-12　中国在欧洲农业投资产业类别情况（2021年）

产业类别	投资流量（亿美元）	投资存量（亿美元）	企业数量（家）
粮食作物	2.52	55.35	53
经济作物	0.01	3.52	21
畜牧业	0.00[①]	7.48	7
林业	0.00	0.15	3
渔业	0.06	1.01	6
农资	2.14	2.34	5
其他	0.24	6.17	45

　　注：①畜牧业的投资流量为48.25万美元，因表格单位为亿美元，上述数值过小而无法在表内体现，在此说明。

3.中国在大洋洲投资情况

附表1-13　中国在大洋洲农业投资情况（2012—2021年）

年份	投资流量（亿美元）	投资存量（亿美元）	企业数量（家）
2012	—	4.20	21
2013	4.18	8.03	27
2014	1.54	7.78	33
2015	3.77	25.80	49
2016	8.14	22.90	63
2017	1.22	26.28	65

（续）

年份	投资流量（亿美元）	投资存量（亿美元）	企业数量（家）
2018	1.86	26.40	69
2019	12.14	40.77	78
2020	2.19	34.78	77
2021	2.97	38.30	89

附表1-14　中国在大洋洲农业投资产业类别情况（2021年）

产业类别	投资流量（亿美元）	投资存量（亿美元）	企业数量（家）
粮食作物	0.13	4.03	8
经济作物	0.08	6.08	12
畜牧业	2.39	13.89	31
林业	0.19	0.55	8
渔业	0.01	2.30	14
其他	0.17	11.45	16

4.中国在非洲投资情况

附表1-15　中国在非洲农业投资情况（2012—2021年）

年份	投资流量（亿美元）	投资存量（亿美元）	企业数量（家）
2012	—	5.8	69
2013	1.73	8.44	76
2014	1.59	6.91	79
2015	2.12	10.32	113
2016	1.82	12.7	108
2017	1.49	12.68	120
2018	1.3	12.23	125
2019	1.55	13.94	136
2020	1.80	16.69	159

（续）

年份	投资流量（亿美元）	投资存量（亿美元）	企业数量（家）
2021	0.39	17.00	176

附表1-16　中国在非洲农业投资产业类别情况（2021年）

产业类别	投资流量（亿美元）	投资存量（亿美元）	企业数量（家）
粮食作物	0.09	3.99	36
经济作物	0.07	2.36	21
畜牧业	0.00[②]	0.31	5
林业	0.02	0.72	10
渔业	0.04	6.22	58
农资	0.00[①]	0.40	8
其他	0.17	3.00	38

注：①②畜牧业和农资产业的投资流量分别为31.42万美元、16万美元，因表格单位为亿美元，上述数值过小而无法在表内体现，在此说明。

5.中国在南美洲投资情况

附表1-17　中国在南美洲农业投资情况（2012—2021年）

年份	投资流量（亿美元）	投资存量（亿美元）	企业数量（家）
2012	—	2.20	10
2013	0.33	2.36	12
2014	1.03	3.27	14
2015	0.68	3.92	25
2016	2.27	5.45	30
2017	3.01	8.64	27
2018	0.23	9.18	29
2019	0.78	20.38	32
2020	0.27	21.82	35
2021	0.11	17.50	36

附表1-18　中国在南美洲农业投资产业类别情况（2021年）

产业类别	投资流量（亿美元）	投资存量（亿美元）	企业数量（家）
粮食作物	0.07	12.59	4
经济作物	0.00[①]	0.81	4
畜牧业	0.00	0.27	2
林业	0.00	0.29	1
渔业	0.01	1.32	14
农资	0.00	0.03	2
其他	0.03	2.19	9

注：①经济作物的投资流量为24.89万美元，因表格单位为亿美元，上述数值过小而无法在表内体现，在此说明。

6.中国在北美洲投资情况

附表1-19　中国在北美洲农业投资情况（2012—2021年）

年份	投资流量（亿美元）	投资存量（亿美元）	企业数量（家）
2012	—	0.18	16
2013	0.13	0.68	29
2014	0.38	1.16	32
2015	0.86	1.96	55
2016	0.26	2.00	63
2017	0.25	2.71	51
2018	0.21	2.52	47
2019	0.17	3.82	51
2020	0.10	3.08	55
2021	0.17	5.35	70

附表1-20　中国在北美洲农业投资产业类别情况（2021年）

产业类别	投资流量（亿美元）	投资存量（亿美元）	企业数量（家）
粮食作物	0.02	2.84	4

（续）

产业类别	投资流量（亿美元）	投资存量（亿美元）	企业数量（家）
经济作物	0.00[①]	1.99	13
畜牧业	0.07	0.26	5
林业	0.00	0.21	3
渔业	0.05	0.27	6
农资	0.01	0.46	7
其他	0.02	1.87	32

注：①经济作物的投资流量为42.87万美元，因表格单位为亿美元，上述数值过小而无法在表内体现，在此说明。

（三）在东盟国家及主要经济合作组织投资情况

1.中国在东盟国家投资情况

附表1-21　中国在东盟国家农业投资情况（2012—2021年）

年份	投资流量（亿美元）	投资存量（亿美元）	企业数量（家）
2012	—	8.92	133
2013	3.47	11.67	132
2014	8.95	23.00	177
2015	8.93	43.93	266
2016	15.00	63.40	320
2017	6.23	41.67	333
2018	6.05	50.46	365
2019	60.08	110.14	411
2020	7.10	123.06	423
2021	5.85	84.69	437

附表1-22　中国在东盟国家农业投资产业类别情况（2021年）

产业类别	投资流量（亿美元）	投资存量（亿美元）	企业数量（家）
粮食作物	0.46	4.78	84
经济作物	2.71	36.47	139
畜牧业	1.48	5.75	26
林业	0.08	15.03	7
渔业	0.01	2.91	37
农资产业	0.02	2.13	37
其他	1.09	17.62	107

附表1-23　中国在东盟十国农业投资情况（2021年）

国家名称	投资流量（亿美元）	投资存量（亿美元）①	企业数量（家）
印度尼西亚	2.13	22.62	62
老挝	1.05	22.59	91
新加坡	0.86	11.53	16
缅甸	0.88	9.09	101
泰国	0.53	7.00	32
柬埔寨	0.12	5.61	53
越南	0.24	4.16	42
马来西亚	0.01	1.61	25
菲律宾	0.01	0.35	8
文莱	0.01	0.13	7

注：①投资存量更能体现总体累计投资水平，故本表格以投资存量从大到小顺序排列。

2.中国在其他金砖国家投资情况

附表1-24　中国在其他金砖国家农业投资情况（2012—2021年）

年份	投资流量（亿美元）	投资存量（亿美元）	企业数量（家）
2012	—	1.61	69

（续）

年份	投资流量（亿美元）	投资存量（亿美元）	企业数量（家）
2013	1.69	6.23	85
2014	1.44	8.96	67
2015	3.11	10.34	103
2016	5.50	16.90	122
2017	3.76	13.43	87
2018	1.73	17.06	94
2019	1.30	26.12	107
2020	0.31	25.73	82
2021	0.46	19.87	103

附表1-25　中国在其他金砖国家农业投资产业类别情况（2021年）

产业类别	投资流量（亿美元）	投资存量（亿美元）	企业数量（家）
粮食作物	0.245	14.89	49
经济作物	0.010	0.66	11
畜牧业	0.000[①]	0.48	3
林业	0.000	0.15	3
渔业	0.000	0.01	1
农资产业	0.000	0.55	8
其他	0.210	3.13	28

注：畜牧业的投资流量为19万美元，农资的投资流量为20.92万美元，因表格单位为亿美元，上述数值过小而无法在表内体现，在此说明。

附表1-26　中国在其他金砖国家农业投资情况（2021年）

国家名称	投资流量（亿美元）	投资存量（亿美元）	企业数量（家）
俄罗斯	0.38	4.76	80

（续）

国家名称	投资流量（亿美元）	投资存量（亿美元）	企业数量（家）
巴西	0.07	13.93	8
南非	0.00①	0.56	5
印度	0.00	0.62	10

注：①南非的投资流量为15万美元，因表格单位为亿美元，上述数值过小而无法在表内体现，在此说明。

3. 中国在其他上海合作组织国家投资情况

附表1-27　中国在其他上海合作组织国家农业投资情况（2012—2021年）

年份	投资流量（亿美元）	投资存量（亿美元）	企业数量（家）
2012	—	1.45	66
2013	1.72	5.03	87
2014	1.84	9.60	76
2015	3.50	9.20	114
2016	4.40	15.70	143
2017	2.13	10.12	98
2018	2.13	13.24	117
2019	1.45	13.41	137
2020	0.61	11.48	108
2021	0.72	9.57	135

附表1-28　中国在其他上海合作组织国家农业投资产业类别情况（2021年）

产业类别	投资流量（亿美元）	投资存量（亿美元）	企业数量（家）
粮食作物	0.42	2.49	60
经济作物	0.04	3.23	21
畜牧业	0.01	1.23	6
林业	0.00	0.15	3

（续）

产业类别	投资流量（亿美元）	投资存量（亿美元）	企业数量（家）
渔业	0.00①	0.02	3
农资产业	0.02	0.26	9
其他	0.22	2.20	33

注：渔业的投资流量为42万美元，因表格单位为亿美元，上述数值过小而无法在表内体现，在此说明。

附表1-29　中国在其他上海合作组织国家农业投资情况（2021年）

国家名称	投资流量（亿美元）	投资存量（亿美元）	企业数量（家）
俄罗斯	0.38	4.76	80
塔吉克斯坦	0.25	1.90	3
乌兹别克斯坦	0.04	0.70	13
巴基斯坦	0.03	0.23	9
哈萨克斯坦	0.01	0.62	17
吉尔吉斯斯坦	0.00①	0.73	3
印度	0.00	0.62	10

注：①吉尔吉斯斯坦的投资流量为45.00万美元，因表格单位为亿美元，上述数值过小而无法在表内体现，在此说明。

4.中国对其他亚太经济合作组织成员投资情况

附表1-30　中国对其他亚太经合组织成员农业投资情况（2012—2021年）

年份	投资流量（亿美元）	投资存量（亿美元）	企业数量（家）
2012	—	2.42	174
2013	7.86	21.38	213
2014	8.75	32.7	253
2015	15.1	70.8	348
2016	24.6	89.6	412
2017	6.62	62.09	359

（续）

年份	投资流量（亿美元）	投资存量（亿美元）	企业数量（家）
2018	6.25	70.85	395
2019	65.52	133.98	439
2020	5.39	133.64	423
2021	7.40	98.47	497

附表1-31　中国对其他亚太经合组织成员农业投资产业类别情况（2021年）

产业类别	投资流量（亿美元）	投资存量（亿美元）	企业数量（家）
粮食作物	0.33	7.10	75
经济作物	1.44	29.52	85
畜牧业	3.95	20.53	62
林业	0.24	1.46	16
渔业	0.01	3.74	50
农资产业	0.02	2.67	34
其他	1.41	33.45	175

附表1-32　中国对其他亚太经合组织主要成员农业投资情况（2021年）

成员名称	投资流量（亿美元）	投资存量（亿美元）	企业数量（家）
新西兰	2.61	15.75	24
印度尼西亚	2.13	22.62	62
新加坡	0.86	11.53	16
泰国	0.53	7.00	32
俄罗斯	0.38	4.76	80
澳大利亚	0.34	19.88	48
越南	0.24	4.16	42
中国香港	0.09	5.17	37

（续）

成员名称	投资流量（亿美元）	投资存量（亿美元）	企业数量（家）
加拿大	0.08	1.16	12
美国	0.05	2.30	54
秘鲁	0.03	0.15	1
马来西亚	0.01	1.61	25
巴布亚新几内亚	0.01	0.21	3
菲律宾	0.01	0.35	8
文莱	0.01	0.13	7
韩国	0.00①	0.23	23
日本	0.00②	0.24	15
智利	0.00③	1.21	6
中国台北	0.00	0.01	2

注：①②③韩国、日本、智利的投资流量分别为39.00万美元、34.78万美元、33.99万美元，因表格单位为亿美元，上述数值过小而无法在表内体现，在此说明。

三、中国农业对外投资行业情况

（一）投资流量

附表1-33　中国农业对外投资各产业投资流量（2012—2021年）

单位：亿美元

年份	种植业	畜牧业	林业	渔业	农资产业	其他
2012	—	—	—	—	—	—
2013	7.66	1.06	0.81	0.84	—	2.63
2014	9.50	1.25	0.35	2.11	—	4.77
2015	10.50	2.40	0.34	1.60	—	21.74
2016	15.10	3.60	1.70	1.20	—	11.30
2017	9.29	3.14	0.29	2.33	—	5.48
2018	7.84	8.34	1.56	1.14	0.14	2.93

（续）

年份	种植业	畜牧业	林业	渔业	农资产业	其他
2019	56.86	9.10	0.24	1.30	0.31	9.17
2020	5.66	1.38	0.57	0.53	7.57	6.82
2021	6.47	3.97	0.29	0.17	3.85	1.87

（二）投资存量

附表1-34　中国农业对外投资各产业投资存量（2012—2021年）

单位：亿美元

年份	种植业	畜牧业	林业	渔业	农资产业	其他
2012	14.15	0.26	1.12	1.22	—	20.37
2013	21.43	2.40	2.96	2.24	—	10.52
2014	30.97	2.68	5.31	4.74	—	14.09
2015	76.00	5.10	4.80	5.90	—	38.00
2016	73.40	8.80	7.40	4.60	—	63.40
2017	97.88	32.31	4.46	14.18	—	24.49
2018	102.97	24.32	8.61	8.22	2.67	50.41
2019	168.79	32.81	12.02	9.14	2.67	58.84
2020	179.42	26.15	14.82	13.18	9.27	59.34
2021	136.53	43.19	16.94	14.76	12.12	47.62

（三）企业数量

附表1-35　中国农业对外投资各产业企业数量（2012—2021年）

单位：个

年份	种植业	畜牧业	林业	渔业	农资产业	其他
2012	191	11	15	32	—	28
2013	228	26	23	40	—	126

（续）

年份	种植业	畜牧业	林业	渔业	农资产业	其他
2014	256	29	27	45	—	148
2015	327	31	26	62	—	318
2016	336	53	60	71	—	296
2017	405	88	33	87	—	238
2018	382	64	18	84	27	313
2019	423	80	28	104	45	370
2020	450	108	39	132	59	331
2021	459	93	32	149	69	318

四、中国各地农业对外投资情况

附表1-36　各省（自治区、直辖市）农业对外投资情况（2021年）

地区	投资流量（亿美元）	投资存量（亿美元）①	企业数量（家）
全国	16.62	271.15	1 120
北京市	2.81	78.92	64
上海市	4.02	38.95	39
山东省	0.23	25.43	100
云南省	1.80	15.02	166
湖南省	0.04	14.19	32
内蒙古自治区	3.79	13.36	25
天津市	0.95	11.93	18
四川省	1.14	11.86	74

（续）

地区	投资流量（亿美元）	投资存量（亿美元）①	企业数量（家）
广东省	0.25	10.57	95
江苏省	0.11	7.44	76
福建省	0.18	5.96	55
黑龙江省	0.18	4.91	52
河北省	0.20	4.16	31
海南省	0.02	3.89	9
浙江省	0.08	3.43	36
江西省	0.08	2.87	32
安徽省	0.17	2.76	25
广西壮族自治区	0.06	2.54	30
新疆维吾尔自治区	0.03	2.36	16
重庆市	0.02	2.14	16
辽宁省	0.00	2.09	32
湖北省	0.16	1.92	30
河南省	0.26	1.68	22
陕西省	0.01	0.91	7
西藏自治区	0.00	0.63	3
甘肃省	0.01	0.40	11
山西省	0.00	0.33	10
吉林省	0.02	0.28	8
宁夏回族自治区	0.00	0.13	2
贵州省	0.00	0.08	3
青海省	0.00	0.00	1

注：①投资存量更能体现总体累计投资水平，故本表格以投资存量从大到小顺序排列。

五、中国农业对外投资企业情况

（一）企业情况

1.整体情况

附表1-37　境外农业投资企业情况（2012—2021年）

单位：家

年份	境内对外投资企业总数	境外农业企业总数
2012	303	379
2013	373	443
2014	415	505
2015	609	764
2016	679	863
2017	655	851
2018	674	888
2019	737	986
2020	739	1 010
2021	810	1 120

2.企业境内情况

附表1-38　中国境内投资主体类型分布情况（2021年）

企业类型	企业数量（家）	百分比（%）
有限责任公司	547	67.53
股份有限公司	105	12.96
私营企业	90	11.11
国有企业	39	4.81
股份合作企业	6	0.74

（续）

企业类型	企业数量（家）	百分比（%）
外商投资企业	9	1.11
港澳台商投资企业	4	0.49
集体企业	1	0.12
其他企业	9	1.11

附表1-39　农业龙头企业农业对外投资情况（2021年）

龙头企业类别	投资流量（亿美元）	投资存量（亿美元）	企业数量（个）
国家级	10.63	100.80	176
省级	1.42	18.48	166
市级	0.22	7.46	72
其他	4.36	144.41	706

3.企业投资行业和产业环节分布

附表1-40　境外农业企业投资行业分布（2021年）

产业类别	企业数量（家）	百分比（%）
粮食作物	213	19.02
经济作物	246	21.96
畜牧业	93	8.30
林业	32	2.86
渔业	149	13.30
农资产业	69	6.16
其他	318	28.39

4.企业设立方式分布

附表1-41　境外农业企业类别情况（2012—2021年）

单位：家

年份	独资企业数量	合资企业数量	合作企业数量
2012	211	90	39
2013	278	127	38
2014	298	162	45
2015	470	238	56
2016	542	260	61
2017	509	250	41
2018	541	263	53
2019	592	292	47
2020	601	324	49
2021	659	311	86

注：其他类型企业共64家，在此说明。

附表1-42　境外农业企业设立方式分布情况（2012—2021年）

单位：家

年份	子公司数量	联营公司数量	分支机构数量
2012	222	73	31
2013	285	112	46
2014	307	88	35
2015	463	125	57
2016	544	140	66
2017	570	130	47
2018	549	141	41
2019	636	155	44
2020	643	170	57

（续）

年份	子公司数量	联营公司数量	分支机构数量
2021	697	167	62

注：其他类型企业共194家，在此说明。

5. 资产状况及投资情况

附表1-43　境外农业企业资产总额分布情况（2021年）

资产总额（万美元）	企业数量（家）	百分比（%）
≤200	421	37.59
201～500	167	14.91
501～1 000	143	12.77
1 001～2 000	123	10.98
2 001～5 000	129	11.52
5 001～10 000	48	4.29
10 000以上	57	5.09

注：32家未填，在此说明。

附表1-44　境外农业企业投资流量分布情况（2021年）

投资流量（万美元）	企业数量（家）	百分比（%）
≤200	1 033	92.23
201～500	48	4.29
501～1 000	19	1.70
1 001～2 000	6	0.54
2 001～5 000	7	0.63
5 001～10 000	3	0.27
10 000以上	4	0.36

附表1-45　境外农业企业投资存量分布情况（2021年）

投资存量（万美元）	企业数量（家）	百分比（％）
≤ 200	483	43.13
201～500	181	16.16
501～1 000	169	15.09
1 001～2 000	122	10.89
2 001～5 000	86	7.68
5 001～10 000	35	3.13
10 000以上	44	3.93

（二）履行社会责任

附表1-46　境外农业企业履行社会责任情况（2012—2021年）

年份	在境外投资当地雇佣外方人员数量（人）	指导当地农民开展农业生产人数（人）	企业在东道国缴纳税收金额（亿美元）
2012	87 988	377 344	12.9
2013	59 688	264 740	1.12
2014	125 912	239 236	0.70
2015	110 684	744 315	3.23
2016	147 292	362 941	2.68
2017	133 965	—	4.07
2018	151 389	261 639	4.66
2019	157 086	331 901	3.58
2020	178 546	260 243	9.37
2021	183 025	387 101	7.82

附录2：主要指标解释

1. **投资流量** 指新增投资额，等于境外企业新增股权加上当期收益再投资和新增债务工具（包括贷款、应收款等），减去当期境外企业对境内企业的反向投资额（反向投资额指境外企业对境内投资者持股比例低于10%的投资）。

2. **投资存量** 指截至上年底累计对外投资额，即截至报告期末境内投资者（或其境外企业）对该境外企业或项目实现的投资总额，包括境内投资者（或境外企业）通过各种渠道（包括自有资金、境内外银行贷款等）投入的资金总和。等于境外企业资产负债表中按中方投资比例计算的股本期末数加上按中方投资比例计算的未分配利润期末数，加上期末对境内投资者的债务工具，减去境外企业累计对境内投资者的反向投资。

3. **企业数量** 指境内投资主体在报告年度年末直接拥有或控制10%以上的投票权（对公司型企业）或其他等价利益（对非公司型企业）的境外农业企业数目。

4. **农资投入金额** 指企业全年购买境外生产所需的种子、化肥、农药、农机等农资的总投入金额。

5. **境外投资当地购买金额** 指企业在境外所在地购买境外生产所需的种子、化肥、农药、农机等农资的金额。

6. **进口金额** 指从企业在所在地以外的国家和地区进口的种子、化肥、农药、农机等农资的金额，包括中国港澳台地区从中国大陆（内地）进口金额。

7. **产量** 指各种农产品的总产量。薯类总产量按鲜薯产量计算；棕榈按棕榈油产量计算；其他油料作物按相应产油量计算；天然橡胶按浓缩乳胶（脱水后60%浓度）产量计算；棉花按皮棉产量计算；甘蔗按蔗秆产量计算；猪、牛、羊、禽按猪肉、牛肉、羊肉、禽肉产量计算；淡水养殖与捕捞、海水养殖与捕捞按养殖、捕捞的水产品产量计算；农资产品按生产的种子、化肥、农药产品产量计算。

8. **投资覆盖率** 指中国农业对外投资覆盖的国家/地区数量占全球国家/地区总数的比例。

9. **种植业** 指对各种农作物的种植活动。包括谷物、豆类、薯类、棉花、油料、糖料、麻类、烟叶、蔬菜、园艺作物、水果、坚果、饮料和香料作物、中草药及其他作物的种植。

10. **畜牧业** 指为了获得各种畜禽产品而从事的动物饲养、捕捉活动。包括牲畜饲养和放牧，家禽饲养以及野生动物的合法捕猎和饲养。

11. **渔业** 包括水生动物和海藻类植物的养殖和捕捞。

12. **企业登记注册类型** 以在工商行政管理机关登记注册的各类企业为划分对象，以工商行政管理部门对企业登记注册的类型为依据，将企业登记注册类型分为内资企业、港澳台商投资企业和外商投资企业三大类。内资企业包括内地（大陆）的国有企业、集体企业、股份合作企业、联营企业、有限责任公司、股份有限公司、私营企业和其他企业；我国的港澳台商投资企业和外商投资企业分别包括合资经营企业、合作经营企业、独资经营企业和股份有限公司等。

13. 国有企业　指企业全部资产归国家所有，并按《中华人民共和国企业法人登记管理条例》规定登记注册的非公司制的经济组织。不包括有限责任公司中的国有独资公司。

14. 集体企业　指企业资产归集体所有，并按《中华人民共和国企业法人登记管理条例》规定登记注册的经济组织。

15. 股份合作企业　指以合作制为基础，由企业职工共同出资入股，吸收一定比例的社会资产投资组建，实行自主经营、自负盈亏、共同劳动、民主管理、按劳分配与按股分红相结合的一种集体经济组织。

16. 联营企业　指两个及两个以上相同或不同所有制性质的企业法人或事业单位法人，按自愿、平等、互利的原则，共同投资组成的经济组织。联营企业包括国有联营企业、集体联营企业、国有与集体联营企业和其他联营企业。

17. 有限责任公司　指根据《中华人民共和国公司登记管理条例》规定登记注册，由两个以上、五十个以下的股东共同出资，每个股东以其所认缴的出资额对公司承担有限责任，公司以其全部资产对其债务承担责任的经济组织。有限责任公司包括国有独资公司以及其他有限责任公司。

18. 股份有限公司　指根据《中华人民共和国公司登记管理条例》规定登记注册，其全部注册资本由等额股份构成并通过发行股票筹集资本，股东以其认购的股份对公司承担有限责任，公司以其全部资产对其债务承担责任的经济组织。

19. 私营企业　指由自然人投资设立或由自然人控股，以雇佣劳动为基础的营利性经济组织。包括按照《公司法》《合伙企业法》《私营企业暂行条例》规定登记注册的私营有限责任公司、私营股份有限公司、私营合伙企业和私营独资企业。

20. 港澳台商投资企业　指在中国内地（大陆）由港澳台地区投资者投资设立的企业，包括合资经营企业（港或澳、台资）、合作经营企业（港或澳、台资）、港澳台商独资经营企业、港澳台商投资股份有限公司和其他港澳台商投资企业。

21. 外商投资企业　指在中国境内（不包括港澳台地区）由外国投资者投资设立的企业，包括中外合资经营企业、中外合作经营企业、外资企业、外商投资股份有限公司和其他外商投资企业。

22. 其他企业　指上述企业之外的其他经济组织。

23. 农业龙头企业　农业龙头企业是指经相关部门认定，在农业行业中，对其他企业具有很深的影响、号召力和一定示范引导作用的企业。

24. 企业类别　指企业通过独资、合资或合作形式在境外进行投资。

25. 设立方式　境外企业按设立的方式主要分为境外子公司、联营公司和分支机构。

26. 子公司　境内投资者拥有该境外企业50%以上的股东或成员表决权，并具有该境外企业行政、管理或监督机构主要成员的任命权或罢免权。

27. 联营公司　境内投资者拥有该境外企业10%～50%的股东或成员表决权。

28.分支机构　指境内投资者在国(境)外的非公司型企业。

29.在境外投资当地雇佣本地人员数量　指境外企业在当地雇佣的从事一定劳动并取得劳动报酬的当地人员数量总和。

30.指导当地农民开展农业生产人数　指境外企业对当地农民进行技术示范、技能培训等的人数之和。

31.企业在境外投资当地缴纳税收金额　指境外企业按照投资所在国家或者地区的法律规定实际缴纳的各项税金之和。

附录3：部分国际组织英文简称

ADB：Asian Development Bank，亚洲开发银行

ADM：Archer Daniels Midland，艾地盟

AfDB：African Development Bank，非洲开发银行

AIIB：Asian Infrastructure Investment Bank，亚洲基础设施投资银行

CBOT：Chicago Board of Trade，芝加哥期货交易所

CDB：Caribbean Development Bank，加勒比开发银行

CIPIC：Cyber Infrastructure Protection Innovation Canter，知识产权信息中心

CME：Chicago Mercantile Exchange，芝加哥商业交易所

EBRD：European Bank for Reconstruction and Development，欧洲复兴开发银行

EIB：European Investment Bank，欧洲投资银行

FAO：Food and Agriculture Organization of the United Hations，联合国粮农组织

IBRD：International Bank for Reconstruction and Development，国际复兴开发银行

ICSID：The International Center for Settlement of Investment Disputes，国际投资争端解决中心

IDA：International Development Association，国际开发协会

IDB：Inter-American Development Bank，美洲开发银行

IFAD：International Fund for Agricultural Development，国际农发基金

IFC：The International Finance Corporation，国际金融公司

INPIT：The National Center for Industrial Property Information and Training，国家工业产权信息与培训中心（日本）

IsDB：Islamic Development Bank，伊斯兰开发银行

JATAFF：Japan Association for Techno-innovation in Agriculture, Forestry and Fisheries，日本农林水产食品产业技术振兴协会

JBIC：Japan Bank for International Cooperation，日本国际协力银行

JETRO：Japan External Trade Organization，日本贸易振兴机构

JEXIM：Export-Import Bank of Japan，日本进出口银行

JICA：Japan International Cooperation Agency，日本国际协力机构

MIGA：Multilateral Investment Guarantee Agency，多边投资担保机构

NDB：New Development Bank，金砖国家新开发银行（新开发银行）

NYBOT：The New York Board of Trade，纽约期货交易所

ODA，Official Development Assistance，特指日本政府开发援助

UNCTAD：United Nations Conference on Trade and Development，联合国贸易和发展会议